最后走过的道路

——白求恩牺牲前十五天事迹录

何洪港 著

中国文史出版社

图书在版编目（CIP）数据

最后走过的道路：白求恩牺牲前十五天事迹录 / 何洪港著 .-- 北京：中国文史出版社，2023.8

ISBN 978-7-5205-4406-1

Ⅰ. ①最… Ⅱ. ①何… Ⅲ. ①白求恩 (Bethune, Norman 1890–1939) —生平事迹 Ⅳ. ① K837.116.2

中国国家版本馆 CIP 数据核字（2023）第 196910 号

责任编辑：戴小璇

出版发行：中国文史出版社
社　　址：北京市海淀区西八里庄路 69 号院　邮编：100142
电　　话：010-81136606　81136602　81136603（发行部）
传　　真：010-81136655
印　　装：北京富泰印刷有限公司
经　　销：全国新华书店
开　　本：1/16 开
印　　张：10.25　　　　字　　数：134 千字
版　　次：2024 年 3 月北京第 1 版
印　　次：2024 年 3 月第 1 次印刷
定　　价：48.00 元

今日之中国，尤其需要大力弘扬伟大的白求恩精神。

我们致力于还原一个真实的白求恩——战士！英雄！偶像！

目　录

《纪念白求恩》①

毛泽东

（一九三九年十二月二十一日）

白求恩同志是加拿大共产党员，五十多岁了，为了帮助中国的抗日战争，受加拿大共产党和美国共产党的派遣，不远万里，来到中国。去年春上到延安，后来到五台山工作，不幸以身殉职。

一个外国人，毫无利己的动机，把中国人民的解放事业当作他自己的事业，这是什么精神？这是国际主义的精神，这是共产主义的精神，每一个中国共产党员都要学习这种精神。列宁主义认为：资本主义国家无产阶级要拥护殖民地半殖民地人民的解放斗争，殖民地半殖民地的无产阶级要拥护资本主义国家的无产阶级的解放斗争，世界革命才能胜利。白求恩同志是实践了这一条列宁主义路线的。我们中国共产党员也要实践这一条路线。我们要和一切资本主义国家的无产阶级联合起来，要和日本的、英国的、美国的、德国的、意大利的以及一切资本主义国家的无产阶级联合起来，才能打倒帝国主义，解放我们的民族和人民，解放世界的民族和人民。这就是我们的国际主义，这就是我们用以反对狭隘民族主义和狭隘爱国主义的国际主义。

白求恩同志毫不利己专门利人的精神，表现在他对工作的极端的负责任，对同志对人民的极端的热忱。每一个共产党员都要学习他。不少的人

---

① 此为毛泽东在 1939 年 12 月 21 日为纪念白求恩写的悼念文章。

对工作不负责任，拈轻怕重，把重担子推给人家，自己挑轻的。一事当前，先替自己打算，然后再替别人打算。出了一点力就觉得了不起，喜欢自吹，生怕人家不知道。对同志对人民不是满腔热忱，而是冷冷清清，漠不关心，麻木不仁。这种人其实不是共产党员，至少不能算一个纯粹的共产党员。从前线回来的人说到白求恩，没有一个不佩服，没有一个不为他的精神所感动。晋察冀边区的军民，凡亲身受过白求恩医生的治疗和亲眼看过白求恩医生的工作的，无不为之感动。每一个共产党员，一定要学习白求恩同志的这种真正共产主义者的精神。

白求恩同志是个医生，他以医疗为职业，对技术精益求精；在整个八路军医务系统中，他的医术是很高明的。这对于一班见异思迁的人，对于一班鄙薄技术工作以为不足道、以为无出路的人，也是一个极好的教训。

我和白求恩同志只见过一面，后来他给我来过很多信。可是因为忙，仅回过他一封信，还不知他收到没有。对于他的死，我是很悲痛的。现在大家纪念他，可见他的精神感人之深。我们大家要学习他毫无自私自利之心的精神。从这点出发，就可以变为大有利于人民的人。一个人能力有大小，但只要有这点精神，就是一个高尚的人，一个纯粹的人，一个有道德的人，一个脱离了低级趣味的人，一个有益于人民的人。

序　一

李深清

近年来，有关白求恩的纪念文章屡见报端，也屡有佳作。对这位伟大的国际主义战士，中国人民有说不完的话题、道不尽的思念，已经上升为一种国家意义上的缅怀和公民由衷的崇敬，白求恩从来不曾远去，这再一次验证了那句话：伟大的历史人物和历史地位是由历史来界定的。白求恩就是这样一个历史人物，中国人民自觉地把他作为一个永恒的学习榜样，形成了一种感召后人的强大精神力量。

作为一名白求恩精神的研究者和传播者，我对此深感欣慰，同时也看到，对于白求恩的研究方兴未艾，正呈现出“不断深化”和“与时代同行”的新现象，令人振奋，值得推广。

谈到“不断深化”，这里陈述一桩我亲自完成的重要事件：寻找到一张独一无二的毛泽东和白求恩的合影照片。长期以来，我们对《纪念白求恩》文中的“我和白求恩同志只见过一面……”的表述耳熟能详，但是，白求恩在延安一个月有余，他和毛泽东有没有其他交集？白求恩在延安还有哪些活动信息？因此，当得知大洋彼岸的加拿大发现一张相关照片时，诧异和惊喜可想而知。这张自中国延安寄往加拿大的黑白照片上注明日期是“1938.5.1”，照片呈中近景侧面构图，白求恩和毛泽东左右并排而坐，从窗棂透进来的光线看，似在室内，傍晚时分，毛泽东头戴红军帽，双手托着下巴，而白求恩身穿八路军军服，二人神色专注地望着前方，似乎在听取台上的报告。

这张照片的拥有者是加拿大一位离群索居的名叫比尔·史密斯的男性老人。追溯历史，比尔的父母约瑟夫·史密斯和莉莲是白求恩生前的朋友兼战友，这对夫妻在中国长大，20世纪20年代，他们加入中国共产党，后返回加拿大，领导北美地区共产主义运动，成为备受关注的社会政治人物。中国“卢沟桥事变”爆发后，莉莲向白求恩详细介绍中国的情况和严峻的抗战形势，动员白求恩到中国去，参加中国共产党领导的抗日战争。白求恩到中国后，曾几次致信莉莲，讲述他在中国战斗生活的情况，这张珍贵的照片就是寄给莉莲作为纪念的。1977年，随着莉莲的去世，发生在她身上的往事被淹没和遗忘，直至比尔清理父母遗物时，发现了这张照片和相关信件，并委托华裔朋友通过邮箱与我取得了联系。这一重大消息引起我极大的兴趣，使命责任感驱使我立即行动，随即开始了长达一年半的沟通协商过程。在时任白求恩精神研究会会长李超林将军的鼓励支持下，我第一时间先到广州见到比尔的华裔朋友，获得若干张复制照片和相关信件，紧接着又到西安、延安、中央党史研究室、国家图书馆等，请教专家，查证大量资料。后来，经过多次与比尔本人书信联系，最后在加拿大多伦多与比尔亲切会面，对这张珍贵照片和移交的相关信息进行深入探讨。终于，如同当年白求恩不远万里来到中国，这张照片同样跨越重洋，回到它的出生地。我相信，一些有关白求恩的信息仍然尘封在历史角落里，等待我们不断深入挖掘，以获取更加全面的历史史实，让我们不断丰富对英雄的认识。

论及“与时代同行”，我们看到，对历史的认识和解读，站在不同的立场和角度，会得出千差万别的结论和阐述，我们对于白求恩的认识同样会因为这种差异和局限性而导致这样或那样的“放大”和“忽略”，留下难以破解的历史谜团。因此，从一个新的视角定位，用更长远更开阔的目光来看待，从抗日烽火延伸到白求恩所希望建立的未来社会，进行深入研究，发现新的信息线索，得出理性的体会和认知，就显得尤为重要。这里，我郑重推荐《白求恩遗书》这本书，作者将视线瞄准白求恩援华期间的重大事件，尤其是白求恩牺牲前 15 天的感人经过，为我们进一步探明白求恩的精神世界提供了新的途径。

放眼今天，白求恩精神早已超越了国家和文化的隔膜，它不仅仅代表着国际主义和共产主义的信仰和追求，更彰显着一种博大的人道主义情怀。我相信，随着时代发展，对白求恩的深入探究，一定会发掘出更多更新的历史信息，不断地丰富白求恩精神世界的内涵，从而用这种精神观照现实，营养我们每一个有良知的个体，助力人类命运共同体的和谐构建。

（作者系解放军原总后勤部编研室主任、白求恩研究专家）

序　二

邓　穗

知道白求恩的名字，自然源于伟人的名篇《纪念白求恩》，而真正了解这位伟大的国际主义战士，是从母亲的一次次讲述中。

抗战期间，我的母亲李玉芝和她的两个姐妹先后进入晋察冀军区白求恩卫生学校，成为光荣的“白校”学子，尤其是我的大姨李剑鸣，在校学习期间，曾经得到过白求恩大夫的亲自教授。我母亲是“白校”第四期军医班学员，那时，白求恩大夫已经不幸去世，“白校”师生们无时无刻不在追慕着白大夫的英雄事迹和崇高精神，白求恩精神成为师生们刻苦攻读、努力上进、争做白求恩传人的强大精神动力。

记得有一次，母亲拿出一张黑白照片给我看，照片上是白求恩大夫追悼会的场景，父亲和聂荣臻司令员等八路军将领排列一队，致敬默哀，母亲问我“在你父亲身上看到了什么？”我再三端详，也未找到答案，后经母亲提示，我才看清父亲左手挽起的袖子，袖口处清晰可见是一件单上衣，母亲介绍说：白大夫追悼会正值寒冬，当时根据地生活异常艰苦，八路军官兵大多穿着单衣单裤，很多人感冒高烧，身体很难过，但大家都忍着病痛，坚持前来参加追悼会，面对白求恩大夫的遗体，很多官兵都悲痛不已，流下了热泪。由此可见晋察冀军民对白求恩大夫诚挚的感情和感恩。

日前，我读到何洪港的新作《白求恩遗书》，从这些文字和图片中，我又一次感受到白求恩大夫那火热的生命状态、那崇高的革命信仰和永恒的人生追求。我相信，这种高尚的品行和情怀一定能够感动更多的人，鼓舞我们在人生道路上不懈地奋进。

（作者系开国上将邓华之子、中国战略与管理研究会志愿军分会会长）

自 序

一

11 月 12 日，这是个关于谁的什么日子？对于今天大多数人，可能不能脱口而出。但是，提到他的名字，我们每个人都会肃然起敬——诺尔曼·白求恩。

1939 年 11 月 12 日凌晨 5 时 20 分，来自加拿大的著名外科医生白求恩，长眠在中国河北省唐县一个普通山村的农家土炕上。40 天后，毛泽东在延安窑洞里，为这位加拿大共产党员写下了《纪念白求恩》的悼念文章，高度赞扬白求恩“把中国人民的解放事业当作他自己的事业”的“国际主义精神和共产主义精神”，以及“毫不利己，专门利人”的高尚人格。这篇经典文章一举奠定了白求恩在中国的崇高地位。

白驹过隙，八十三载光阴飞逝而过，今日的中国已经发生了巨大变迁，但白求恩这个闪烁着独特魅力的名字，始终伴随着中国前进发展的脚步，他的英雄壮举和不朽精神影响了几代中国人。对白求恩的纪念和缅怀几乎上升为一个国家情感和公民自觉，融入中华民族宝贵的精神记忆里。尤其是今天，我们致力于建设人类命运共同体，而白求恩不愧为其先驱和典范。

记得第一次听到白求恩的名字，还是中学语文课上的《纪念白求恩》，那时年少懵懂，只知道他不远万里来到中国，支援中国人民的抗战事业，最后光荣牺牲。但是，围绕着他生前身后的更多信息，却无从得知。不得不说，对于白求恩的社会宣传，长期以来，形成了一种简单和“扁平化”的状况，刻意把他塑造和构建成一个集体记忆中的“英雄”形象，而遮蔽了他作为一个活生生的个体真实存在的状态——他不远万里来到中国的原动力是什么？他的家庭背景、性格特征如何？他的兴趣爱好、情感生活怎么样？……这些问题都有意或无意地闪烁在历史真相中。而这些真切的生命元素，恰恰最能感动我们，扣动我们生命的琴弦。我始终相信，笼罩在白求恩身上那层神秘化和神圣化的迷雾背后，一定是一个无比真实、立体、生动、可爱，充满着无限魅力的个体生命，而不是一个头顶圣人光环、完美无缺的艺术形象。

二

三年来，在创作电影剧本《白求恩遗书》的过程中，我一步步地走进了白求恩的真实世界，他的纯真率性，满怀激情；他的不懈求索，风流不羁……我真切地感受到，白求恩的伟大，来自他坚定的人生信仰和人道主义精神。在他的身上，集中体现着两个重要的文化现象。

第一个文化现象是“转变”。纵观白求恩短暂、漂泊的人生轨迹，如果就其主导思想而言，这是一条清晰的向前向上的直线，伴随着这条直线，是他人生道路上一次次的波折和变化。其中，有他被动地接受，更有他主观上的选择和收获。一般情况下，人都是年轻时思想和行为激进，而随着年龄和阅历的增长，会逐渐地趋于平和。但白求恩不然，他年纪越大越激进，越发地感受和选择新的生活领域。个中原因，自然与他的出身和经历紧密相关，导致他思想和行为上的一次次“转变”。白求恩出身一个牧师家庭，自幼受基督文化的熏陶和影响，但宗教束缚不了他年轻自由的心灵，他表现出一种与众不同的勇敢和冒险；而童年时期的家庭迁徙，使他得以密切接触社会底层，感受到人世间的不公和苦难；成年后三次从军和几经波折的求医经历；投身“一战”和西班牙内战的军旅历练，直至加入共产党组织。这一系列成长历程，造就了一个特立独行、卓尔不群的白求恩——在去西班牙前，他为自己写下一个墓志铭：“生为资产阶级，死为共产党人。”可以说，白求恩始终不断地瞄准和调整人生奋斗的目标，不断地选择和改变人生道路的方向，最终从一个资产阶级知识分子“转变”为坚定的共产主义者。而在这一“转变”中，白求恩始终保持着对公平、善良、美好的公共秩序的渴望和追求，坚守着对人类福祉社会建立的深入探索，昭示出一种高贵的人生品质和一个伟大的灵魂。

三

发生在白求恩身上的第二个文化现象是“成就”。这个“成就”不是一般意义上的“事业上的成就”，而是中国为白求恩提供了一个宏大的舞台，使他尽情地施展医学才能，释放他的生命活力，最终完善了他的人格形象，“成就”了他的伟大人生。

在白求恩生命历程中，中国似乎是为他最后一搏准备的人生舞台。他在中国工作、生活了674个日日夜夜，那是他一生中最耀眼的时段，他把医疗技术和大爱精神展示得淋漓尽致。白求恩是晋察冀军区倡导献血的先驱，他创立和完善了战地医院的规范，他在49个小时内做了115例战场手术，他撰写和发明了众多的医学文章和医疗器械，他培养了一批批医疗后备人才，他用实际行动鼓舞着晋察冀军民的抗战斗志，他用文章和图片向全世界展示着中华民族不屈不挠、坚不可摧的精神风貌。而与此同时，中国共产党员生机勃勃、高瞻远瞩的风范气度，八路军官兵勇往直前、保家卫国的英雄壮举，官兵平等、质朴坦诚的优良作风，以及中华民族悠久灿烂的文化传统，这一切，深深感动和影响着白求恩，使他心服口服，不断地融入晋察冀军民火热的战斗生活中。在这片土地上，白求恩生活得清贫而快乐，艰苦而充实，他不断改变工作作风，调整生活姿态，校正前进方向，成为八路军队伍中优秀的一分子，最终“成就”了他“一个高尚的人，一个纯粹的人，一个有道德的人，一个脱离了低级趣味的人，一个有益于人民的人”。

四

白求恩临终遗书中所言：“告诉他们，我在这里十分快乐，我唯一的希望就是能够多有贡献……最近两年，是我平生最愉快、最有意义的日子……”

每每读到白求恩遗书中的这段文字，我都激情澎湃，难以自抑，因此，读懂白求恩的过程，更是一个感动自己的过程，也因此，从接受电影剧本任务的初衷，转变为沉浸式创作的由衷，围绕这篇遗书结构剧本，力图表现白求恩援华过程的整体面貌。在四易其稿完成剧本后，我开始梳理创作过程中“碰撞”和“困扰”过的一个个问题，写出8篇有关白求恩的话题文章，希冀能够起到补充和丰富剧本内容的作用，同时，将三次采风中记录的文字和拍摄的照片，按照先后顺序整理出来，这样，汇总剧本、文章和采风收获，编辑出这本不像样的书，同样赋名《最后走过的道路》——白求恩牺牲前十五天事迹录。

五

“英雄”二字，我们每个人再熟悉不过，那些奋不顾身、舍生忘死、壮烈殉国的壮举和精神，潜移默化地陶冶着我们每个人的三观和人生选择。在灿若星辰的英雄谱系中，白求恩闪耀着独特的光辉，他是一个从未走远的英雄，不管时代怎样变化发展，我们都将永远铭记这位杰出的国际主义战士，他伟大的精神跨越种族、国界和信仰，必将永世长存，历久弥新，永远滋养着一切正直、善良的人们的心灵。

第一部分　纪实电影文学剧本

《白求恩遗书》

引言：

红色题材电影创作怎样有所创新？怎样为今天的观众乐于接受？……创作《白求恩遗书》剧本的过程，也是我反复思忖、致力探索的过程。

在研读历史素材，探究历史背后真相的基础上，牢牢把握“大事不虚，小事不拘”的创作原则，努力遵循现实主义的创作风格，以白求恩最后的遗书为叙事线索，选取白求恩援华期间工作、生活中最“闪光”的事件，结构剧情空间，塑造一个真实生动、可亲可敬的白求恩的艺术形象，展现出触手可及的历史图景。

衷心希望未来这部电影能够为更多的人所喜爱，从而收获与我相同的滋养心灵、树立正确人生信念的艺术功用。

片头

一组新冠疫情的历史影像组合呈现（视频、图片、音乐、音响、人声等），凸显时势紧迫性，身临其境感。

画外音：2020 年春节，突如其来的新冠肺炎病毒肆虐中华大地，十四亿中华儿女开始了一场抗击疫情的人民战争。

一组女护士的影像组合呈现（行进路上、工作状态、伏案写作等）

她身材修长灵动，形象清纯脱俗，神情坚毅安然。

画外音：作为一名医务战线的新兵，我毅然报名参加援鄂医疗队，在写下请战书的那一刻，我蓦然想到了那个熟识而又陌生的名字——诺尔曼·白求恩。

一组白求恩的历史影像组合呈现（图片、文字、声音等）

画外音：从我记事起，奶奶就一次次地讲述着白求恩的故事，在奶奶心里，白求恩是战士、是英雄、是偶像……在成长的过程中，我也一次次地产生疑问：白求恩究竟是一个什么样的人？他为什么不远万里，来到中国？又为什么那样毫不利己，专门利人，直至牺牲？……我开始一点点地走近白求恩，走进那个烽烟滚滚，壮怀激烈的年代……

字幕：谨以此片敬献伟大的国际主义战士——诺尔曼·白求恩（1890—1939）

舒缓、悠扬的加拿大民歌《红河谷》的旋律响起，继而转成沉闷，激烈的枪炮声和爆炸声，旋即又响起飞机沉重的轰鸣声……

推出片名：《白求恩遗书》

2. 一组镜头　晨　外

这是冬日的北方大地，乌云密布，阴郁凝重，给人一种强烈的压迫感。

（字幕：1939 年 11 月 10 日）

三架日本军机从画面纵深飞驶而来，其中，一架军用运输机机身硕大，威风八面，机身上的日本太阳旗在晨光照耀下愈显夺目刺眼。

军用运输机居中，两架战斗机左右护航，越来越近，且是低空飞行……

（这组镜头以三维动画形式表现，强化视听冲击效果）

3. 军机舱内 晨 内

一侧，端坐着神情肃穆的多田骏，对面是神色同样凝重的桑木崇明和另外三名日军高级将领，中间小桌上摊放着军用地图、望远镜、放大镜等物品。

多田骏（字幕：日本华北方面军司令官）手里挥动着一份电文，缓缓开口道："阿部规秀将军为圣战效忠献身，各方面无比震惊……"沉了一下，又道，"将军临终前写下遗书，把他发明的'战地讨伐新战术'呈给我，同时，控告一一〇师团隔岸观火，见死不救，以致出现黄土岭之败……"

桑木崇明（字幕：日军一一〇师团团长）神情显得激动起来，辩解道："司令官阁下，一一〇师团进军迟缓，因为，从保定出发，到达黄土岭地区，山路地形复杂，行军困难，这与平原地区作战完全不同……最为重要的是，八路军晋察冀的组织是神秘、微妙、不可理解的组织，老百姓可以随便用眼色和手势传达给八路军想要知道的消息，速度比电话还要快。"

一旁，日军将领甲接道："桑木将军指挥向来稳重，绝不会消极避战，请司令官阁下明鉴。"

多田骏又开口道："华北方面当然掌握这些情况，所以，为转移大本营的焦点，我们必须抓紧战机……"他用指挥棒在地图上指点着，说道，"一一〇师团，二十六师团，正分兵多路向黄土岭合击，在土八路的包围圈外展开一个更大的包围圈，把土八路一网打尽，安抚国内的舆论……"

桑木崇明等日军将领齐声道："司令官英明！"多田骏又下令驾驶员道："再低些。"

驾驶员回应道："报告司令官，低空飞行，会进入地面火力控制。"桑木崇明厉声道："土八路没有防空射击火力。"

多田骏又道："太阳照耀的地方都属于大日本帝国，都是我们的生命线。"说完，他举起军用望远镜，透过舷窗观察着空中和地面……

4. 空镜　晨　外

太阳缓缓升起来了，冬日的暖阳显得格外的灿烂、温馨。晨光下的太行山谷地，山势巍峨，道路崎岖，溪流纵横……

5. 农家院落门前　晨　外

两匹快马径直冲到院落门前，杨成武和警卫员跳下马，快步走进院落。

（字幕：河北省易县旺家台村）

这是一座典型的山区农家院落，三间正房，两间东屋，石墙灰瓦，古色斑驳，此时，东屋顶上升腾着袅袅的炊烟。

杨成武和警卫员一前一后，大步迈入……警卫员小何和翻译小董从正房迎出，齐声道："杨司令！"

杨成武（字幕：晋察冀军区一分区司令员）开口道："白大夫呢？"

小董应道："白大夫刚睡着，这一天一宿，他叫护士搀扶着给伤员检查伤情……"

小何接道："白大夫命令我，凡是来了头部、胸部和腹部受伤的伤员，他都要亲自治疗。他睡着了，也要叫醒他。"

这时，陈仕华（字幕：白求恩战地医疗队医生）也脚步匆匆地从屋里走出，见状，叫道："杨司令！"

杨成武转对陈仕华说："白大夫的病情怎么样？"

陈仕华开口道："白大夫的左胳膊又起了一个绿脓疱，是转移性感染病变，高烧 39.6℃。"他的神情显得既焦急又无奈。

杨成武神情凝重，果断地："马上转移到后方医院，行动吧。"说完，迈步走向屋门，众人随后跟上。

6. 农家屋内　晨　内

一缕阳光透过窗户，照在土炕上昏睡中的白求恩身上，只见他佝偻着身体，显得很瘦弱。

杨成武上前，轻声叫道："白大夫、白大夫……"

白求恩依旧昏睡，没有反应……正这时，由远而近传来飞机嗡嗡的轰鸣声……

白求恩一下子被惊醒，一骨碌翻身坐起来，开口道："有伤员吗？"只见他面容消瘦，胡须花白，脸色焦黄，左手中指包裹着厚厚的纱布。

杨成武叫道："白大夫。"

白求恩看到杨成武，点头应道："杨。"

杨成武继续道："有一股鬼子从五亩地方向杀过来。你们马上转移到花盆村后方医院。"

白求恩定了定神，又道："你这是建议，还是命令？"

杨成武语气肯定地："是命令。我是奉聂司令员的命令来的。"

白求恩不再坚持了，他微微颔首，用右手抚摸着肿胀的左臂，颤抖着声音说道："我服从命令。"沉了一下，又缓缓地说："我不能抢救伤员了……"

这时，小何和交通员抬进来一副担架……杨成武示意白求恩躺上去，白求恩无可奈何地头一偏，肩一耸，拖着疲惫瘦弱的身体，摇摇晃晃地在小董的搀扶下躺了上去……

7. 和家庄　晋察冀军区司令部

聂荣臻（字幕：晋察冀军区司令员）站在桌前，手持电话正在接听，只见他神色凝重，眼睛紧紧盯前方……一旁，参谋长同样神色庄重，等候命令。

聂荣臻神情掩饰不住地有些激动，边听边道："……你再说一遍……是绣着两颗金星的黄呢子大衣和一把金柄指挥刀……马上把这些东西送到军区来……给陈正湘的一团记功……”他的神情一下子又变得沉郁下来，说：“……要不惜一切代价，马上回后方医院……”他猛地放下电话，顷刻间无语。

参谋长急道：“发生什么事了？”

聂荣臻缓缓道：“白大夫受伤的左手中指中毒感染，情况很严重。”

参谋长嘴巴动了动，没说出话。

聂荣臻沉了一下，又道：“马上给延安发报，报告白大夫情况。”说完，转身向里屋走去，参谋长急忙跟上。

8. 空镜　日　外

两架机身上绘制着太阳旗的日军重型轰炸机轰鸣着，呈低空状态飞过最后走过的道路。

地面，依山坐落的小村落，冬日暖阳下显得安详、静谧。

一颗颗硕大的炸弹从机舱里投射下来……

顷刻间，炸弹在小村落四处爆炸，火光冲天，烈焰四起，浓烟淹没了小村落。

9. 山路　日　雪　外

天气突变，暖阳不再，寒风刮起，天空飘起洁白的雪花，纷纷扬扬撒落在漫山遍野……

崎岖的山路上，一行人马缓缓地前进着，薄薄的雪地上，留下一串延伸向远方的脚印……

三名高个子战士和交通员抬着担架上的白求恩走在队伍前面，其后，陈仕华、小何、小董、女护士等人跟随着，有的牵着战马，有的拄着拐杖，艰难地行进着……一时间，人人无语，队伍显得有些沉闷。

远方，传来一阵阵炮弹爆炸声……

小董紧走两步，来到担架前……只见白求恩正神情专注地聆听着……

小董开口道：“白大夫，你闭上眼，睡会儿……”

白求恩用舌头舔了舔干燥的嘴唇，说道："你们听见炮声了吗？"沉了一下，又说："我十二分惦念前方流血的战士，假如我还有一点儿支撑的力量，我一定留在前线……"他说不下去了，显得有些无可奈何。

小董劝慰说："等养好了伤，再上前线……"

白求恩似在听着什么，又喃喃地说道："上前线……"他的目光直直地盯着灰蒙蒙的天空，目不转睛，片刻，低声道："我来中国，已经672天了……"

一片片雪花飘落在白求恩的脸上……

10. 汉口机场　日　外

（字幕：1938年2月7日　汉口机场）

历经长途跋涉，加美援华医疗队到达中国战时都城汉口市。

机场四下，一辆辆军用运输车你来我往……一队队荷枪实弹的国军官兵排列整齐，整装待发……

远处传来一阵阵警报声，凸显着战争的紧张氛围。

临时停靠的飞机舷梯，白求恩和尤恩一前一后走下来，望着眼前的景象，白求恩张开双臂，像个孩子似的大声喊道："古老的中国，我来了……"

11. 延安城　街道　日　外（回忆）

（字幕：1938年4月1日　延安）

这是一条洁净、宽敞的南北向街道，不时有八路军战士和手持肩扛着各种农具的百姓经过，在阳光照射下显得朝气蓬勃，气象一新。

一侧墙壁旁，身穿西装，戴着金丝边水晶老花镜，脚穿一双红色皮鞋的白求恩正带着两三名八路军宣传员书写着大字标语：万里崎岖，为国效命，还我河山，卫我国权。

"白求恩大夫……"不远处传来一阵英语叫声，听到这熟悉的乡音，白求恩停下手里的工作，回过身，只见尤恩兴致勃勃地快步走来。

白求恩大声道："快来看看，我写的，怎么样？"随即，他用生硬的中文念诵道："万里崎岖，为国效命……"他一时忘记了发音，念不下去了，但显然他的心情大好。

尤恩大步走上前，看着标语，用熟练的中文接着念道："还我河山，卫我国权。"她的中文不仅非常熟练，还夹杂着山东方言口音，听起来显得格外亲切。

白求恩连连点头，道："OK，OK。"

尤恩又道："你知道这四句话是谁说的吗？"

白求恩连连摇头，显然完全不知道。

尤恩接着说道："这是毛泽东亲笔撰写的《祭黄帝陵文》里的话。"

白求恩听到这些，顿时来了兴趣，追问道："毛泽东，毛主席……可那黄帝陵又是什么人？"

尤恩微微一笑，应道："黄帝是一个人的名字，是中国人的祖先，共产党和国民党都崇拜的历史人物，是中国人的上帝。"

白求恩连连点头，似懂非懂，又问道："国民党，我不喜欢他们……"说着连连摇头，又接着说道："我在武汉、西安，亲眼看到了国民党政府的无能，感到很失望……"

随即话锋一转，道："万幸，我来到了延安，延安真的给我呈现了最壮丽的景象，是我见到的最有活力、最勇敢、最整洁的城市，尽管它很贫穷……"停了一下，又说道："我曾经认为马德里是反法西斯的中心，但现在，我发现了是这里——延安，这是中国革命的心脏，是未来中国的缩影，代表着人类新生活的希望。"

尤恩理解地报以一笑，说："不说这些了，我们赶快回去吧，八路军的姜部长在等着你，还有马海德，他们要告诉你重要的消息。"

白求恩闻此，顿时来了更大的兴致，道："是不是马上出发到前线？"

尤恩微笑着耸耸肩，表示不知道。

白求恩抑制不住地兴奋起来，继续道：“你是不懂的，前线就是刺刀见红的地方，抢救伤员，接受战火的洗礼，会给人极大的满足感和成就感，这样千载难逢的机会，只有傻瓜才会错过……”

他似乎再也等不及了，转身对另外两名宣传员说道：“这里拜托你们了……”转身急走几步，纵身骑上靠在墙边的一辆自行车，快速驶去……

尤恩大叫道：“白……等等我……你就是一个冷血的传教士……”

12. 招待所院落　日　外

白求恩大步走进院落，高声叫道：“我来了……”

听到声音，姜齐贤和马海德从屋里迎出来……白求恩快步上前，

同姜齐贤友好地握手，接着，与马海德热烈地拥抱在一起。

（字幕：八路军卫生部部长　姜齐贤——八路军卫生顾问，美国友人　马海德）

三个人说笑着走进屋里。

13. 招待所内　日　内

屋里的墙壁显然是新粉刷过的，泥土地面非常洁净，窗格上糊着绵纸，一侧墙上挂着国民党的小旗，相对的墙上挂着一面大红旗，而门口悬挂着一面厚帘子，依墙是一个暖炕，四下摆放着几件粗糙的木家具，桌上一盏小油灯显得格外醒目。

四人坐下来……姜齐贤看着白求恩，开口说道：“经过我们反复考虑，决定你留在延安工作……”

听完尤恩的翻译，白求恩的脸色一下子沉下来，连连摇着头。

马海德忙接着解释道：“首先，我们考虑你的健康状况，你在第一次世界大战中负过伤，而且做过气胸手术，只有一叶肺能够工作。要知道，我们的敌后战场生活非常困难，你毕竟已经48岁了……”听完马海德的解释，白

求恩一个劲儿地摇着头，脸色变得越发难看。

姜齐贤接着说道："你的医术很高超，留在延安，能够发挥更大的作用。"

不等尤恩把话翻译完，白求恩一下子站了起来，愤怒地抄起身下的椅子，从窗户扔了出去，难以抑制地大声喝道："我为什么不可以上前线？为什么？我来到延安，就是要去前线！绝对不能留在后方！"

望着破碎的窗棂和飘落的窗纸，姜齐贤一时不知如何是好，张了张嘴，没说出话来。

马海德愣了一下，大声道："你知道吗？白，你的这种行为，在中国人眼里很失礼，是没有教养的行为，你必须向姜部长道歉！"

尤恩也接着说道："你简直太糟糕了，天使加百列也没法与你相处。"

白求恩脸色铁青，大声回应道："我愿意为我的失礼行为道歉……但是，你们必须先向那些八路军伤员道歉，向前线的战士道歉……"紧接着又说道："我上前线是为了伤员……"

尤恩在一旁劝慰道："白，你可以好好地商量解决问题的方法。"

白求恩又是连连摇头，道："我来延安三天了，我知道，延安任何一个后方医院都没有收过腹部受伤的伤员，这不是前线没有这样的伤员，是伤员还没有送到这里，在半路上就死亡了……我在西班牙战场得到的最宝贵的经验，就是组织战地医疗队，到前线去抢救伤员，要让战士都知道，他们一受伤，就能立即得到治疗……"

他的情绪尽管依旧激动，但显然平静了许多。

马海德边听边连连点头。

等到白求恩一连串话说完，姜齐贤开口安慰道："放心吧，我们会安排你到前线去。"

听完尤恩的翻译，白求恩一下子转怒为喜，咧嘴笑了。

马海德开口道："你真是个危险的人物。"他的语气里明显带着开玩笑的意味。

一旁，尤恩也理解地报以微笑，说道："和你合作真让人感到筋疲力尽。"

（字幕：琼·尤恩，加拿大友人，护士，1933 年来到中国山东省教会诊所工作，1938 年参加援华医疗队二次来华，不畏艰险，奋不顾身，帮助中国抗战事业，1987 年 10 月 31 日病逝，享年 75 岁。1988 年 5 月 20 日，她的骨灰安葬在晋察冀烈士陵园白求恩陵墓北侧。）

白求恩似乎有些不好意思，像个孩子般地笑了起来。

14. 延安八路军医院　黄昏　外

这是一排依山建筑的窑洞，现在用作病房，条件极其简陋。病床上没有棉被，二十多个伤病员挤在一起，身体底下是破旧的草席，身上搭着破旧的军装，不少军装上存留着片片血污……

白求恩在姜齐贤和马海德的陪同下，巡视着光线昏暗的病房……

目睹眼前的景象，白求恩身边的尤恩低声自语：这里的条件太不可想象了……

白求恩没应声，只见他瞪大眼睛，仔细观察着眼前的一切。

马海德介绍道："这里没有卫生措施，没有自来水和公共厕所，缺少药品和器械，只有手术室才供电，医疗人员缺乏职业素质……"

他停了一下，又道："怎么样？和你的概念存在很大差距吧？"

白求恩依旧无语，只是默默地走着，静静地看着。

姜齐贤开口说道："白大夫，我必须直言相告，这里的条件已经比前线好多了，如果你连这里都适应不了……"

不等姜齐贤把话说完，白求恩猛地迈开大步朝外面走去……

15. 延安八路军医院外　黄昏　外

只见白求恩脚步匆匆地冲出病房，径直走到院落中，情绪激动地大口喘着气，看着随后跟上来的三个人，再也抑制不住地高声说道："我必须告诉你们，在我看来，这里简直就是一个疫区，应该立即封锁掉。”

看着白求恩激动的状态，姜齐贤和马海德对视一眼，马海德开口说道：“这就是中国的现实条件，无论是政治、经济，还是医疗方面，都与你在加拿大不可同日而语……”

尤恩接着说道：“你不要以为你自己才是真理，你要学会站在客观的立场想问题……”

白求恩看着尤恩，似乎要把一腔怒火发泄般地大声说道：“我根本不喜欢你，你不配做汤姆·麦克尤恩的女儿……”

听着白求恩有些语无伦次的话语，尤恩一时不知如何反驳。

这时，勤务员脚步匆匆地赶来，上前报告道：“姜部长，毛主席刚刚回来，他希望能尽快见到援华医疗队。”

听到这个消息，白求恩的情绪一下子就缓和过来，脸上露出孩子般的笑意，连声说道：“马上走。”又转头对尤恩说：“你不要去了。”

尤恩紧接道：“哼，只要我还没有被援华医疗队除名，我就有资格一同去。”

白求恩又道：“你不是共产党员。”

尤恩神色坚毅地大声回答道：“我必须去见毛主席。”紧接着又用中文大声说：“必须！”（回忆完）

16. 山路　日　雪　外

往事历历在目……担架上的白求恩脸上又浮现出那孩子般的微笑……几乎同时，他又感到左手中指伤口锥心般的疼痛……他紧咬牙关，坚持着、忍受着……

队伍缓缓向前，在纷纷扬扬的飘雪中，渐行渐远……

17. 空镜　黄昏　外

山峦，河谷在暮色中万般安寂，显得格外凝重，给人一种窒息感……

18. 黄石口村　村口　黄昏　外

降雪停歇了，天色昏暗，大地一片安静……

（字幕：河北省唐县黄石口村）

一条碎石路延伸进村，一侧是大片收割后的水稻田，几十处大小院落静静地掩映在暮色中……

队伍走到村口，缓缓停了下来。

担架上的白求恩用力支撑起身体，对围拢上前的众人说道："就停在这里，不走了。"

陈仕华把脸贴近白求恩的耳朵，耐心地解释说："这里离后方医院只有十几里路了，那里条件好……"

不等陈仕华把话说完，白求恩固执地连连摇着头，用力说道："我感到不好……"

一旁，村干部对陈仕华和交通员说道："要不，就到邸俊星家……"他伸手指向最前边的一处村落，继续道："就是那家……"

陈仕华问道："这家人可靠吗？"

村干部坚定地回应道："绝对可靠，是咱堡垒户。"

交通员紧接道："紧挨村口，有情况，转移方便。"

陈仕华果断道："加强岗哨，防止发生意外。"

19. 晋察冀军区司令部内　晚　内

报务员手持一份电文，从里屋匆匆走出，径直来到桌前绘制作战地图的聂荣臻跟前，报告道："报告，延安急电。"

聂荣臻接过电文，匆匆看过，对一旁的参谋长说道："毛主席指令，要不惜一切代价，把白求恩大夫送出作战区域，尽快转移到后方医院，要求随时向党中央报告病情。"

参谋长听着，同聂荣臻一样，神色越发严峻……

20. 驻地院落 晚 外

（字幕：河北省唐县黄石口村 邸俊星家）

借着正房窗户透射出的昏暗光亮，只见小何正在院中忙碌地点着火盆，他手脚麻利，三下五除二就点起了劈柴……

林金亮脚步匆匆地走进院门……

（字幕：晋察冀军区后方医院院长 林金亮）

小何看清来人，忙放下手里的活儿，迎上前，道：“林大夫，你可来了……”林金亮急迫地：“白大夫怎么样了？”

小何应道：“发烧40℃，脑袋疼。一直吐，吃了非那西汀药，又打了针，才好点儿……”

林金亮微微点头，不再言语，径直走进屋里……

21. 驻地屋内 晚 内

这是两间通为一体的北房，屋里一条土炕，炕下靠北侧一个土灶台，地上一条方桌，一把圈椅，桌上麻油灯闪着昏暗的光亮……

林金亮二人三步并作两步地走到炕前，叫道：“白大夫……”

顺着炕沿，方向南北，躺在炕上的白求恩被惊醒，看清来人，顿时来了精神，挣扎着坐起来，伸出右手，尽最大的力量紧紧握住林金亮的手，小董忙为他披上羊皮袄……

白求恩似乎清醒了许多，张嘴问道：“仗打得怎么样？”

看着白求恩两颊深陷、面色焦黄的模样，林金亮强忍着内心的难过，回答说：“我要向你报告好消息，咱们这一仗干掉的鬼子足有一千多……”

白求恩深陷的脸上浮现出一丝微笑，道：“打得好……好……”紧接着追问道：“伤员呢？手术情况怎么样？”

林金亮只能老实地回答道："伤员送下来，马上安排了手术，现在差不多快做完了，你就放心吧……"

白求恩这才放下心来，叹了口气，用生硬的中文说道："我十二分地惦念前方流血的战士，真想和他们一起啊……"

林金亮一时不知道说什么好……这时，小何端着燃烧着的火盆进来，上前放到炕跟前，说："火来了……"

似乎热气一下子冲击了白求恩虚弱的身体。他忍不住浑身颤抖了几下，牙齿也发出"嗒嗒"的颤抖声……

林金亮心疼地："白大夫，你快躺下……"他说不下去了。热泪顿时涌上了眼眶……

这时，房东邸大娘手捧着一笸箩冻柿子进屋，来到炕前，看着白求恩说："刚从房顶上拿下来的冻柿子，身子发烧，吃冻柿子舒坦些……"林金亮拿过一个冻柿子，边用毛巾擦，边对白求恩说道："吃一个吧。"

白求恩轻轻点点头，对邸大娘用中文说道："谢谢……"转对小董说："去拿两个牛肉罐头。"

邸大娘看着白求恩消瘦的样子，伤心地流下热泪，说："白大夫，你……"

她不知说什么好了，林金亮伸手示意她不要难过……

小董上前，将两个日本罐头塞到邸大娘手里，邸大娘连连拒绝说："俺不要……"

白求恩看着邸大娘说道："我们八路军，不拿群众一针一线，这是纪律。"

邸大娘擦着热泪，连连点头，转身走出屋……

白求恩手捧着冻柿子，努力地吃着……林金亮再也忍不住地开口说道："我……我建议……把你的左臂截掉……"

白求恩闻言，停止了咀嚼，转对林金亮摇了摇头，平静地说道："不必了，我知道我患的是脓毒败血症……能用的办法都用过了……可恶的链球菌已经进入了我全身的血液，没有办法了……"他沉了一下，又对林金亮说道："请同志们出去一会儿好吗？还是让我抓紧时间，写完我的遗嘱吧……"

林金亮伸手示意众人出去，众人依次脚步轻轻地走出屋门。

听到这些，林金亮难过地动了动嘴巴，不知说什么好……白求恩用力吞咽下嘴里的食物，对小董说："我不能用打字机了，给我纸和笔……"

激动情绪下的小董一时没反应过来，依旧站在原地没动。

林金亮反应过来，从上衣口袋里拔出自来水笔，递到白求恩手里……小董这才反应过来，也忙递上一个硬皮本和一沓信纸……小何搬过来一张小桌……

白求恩用力坐正身体，右手紧紧握住笔，艰难地开始书写起来……

纸张上，白求恩用颤抖的手写下最后的遗言……

"亲爱的聂司令员：今天我感觉身体非常不好，也许我要和你们永别了！……"

22. 金刚库村　村口　日　外　（回忆）

（字幕：1938 年 6 月 17 日　山西省五台县金刚库村）

这是一条蜿蜒向上延伸的村路，远处，一座座石砌的农舍依山而建，错落有致，别显一种静谧祥和之感。

村口处，八路军战士和众村民列队欢迎，队伍最前方，十几名村民兴致勃勃地敲鼓吹号，演奏着《大得胜》曲调，热闹异常。

（白求恩主观视点）夏日阳光照耀下，聂荣臻和参谋长正健步走来……只见二人军容整洁，精神抖擞。

（字幕：晋察冀军区司令员、政委　聂荣臻）

兴奋的白求恩迈开长腿，快步迎上前，他身穿带八路军臂章的灰色土布军服，脚穿草鞋，背着带有红十字的卫生包和一个军用水壶，布朗也紧跟在身后……众人走到一处，小董忙介绍道："这位是白求恩大夫，这位是布朗大夫……"

（字幕：理查德·布朗，加拿大人，基督徒，曾在中国商丘圣保罗医院工作，热心支援中国抗战事业，后曾任联合国医务官员，1963年去世。）

白求恩身后，紧跟着医疗队的人马，五个骡子驮着十几个装着药品器材的箱子（美制钢纸压缩的箱子），箱子上写着“加美医疗队”。

精神焕发的聂荣臻立正敬礼，热情地：“欢迎，欢迎……”

白求恩行了个西班牙式的敬礼，大声道：“司令员同志，加美援华医疗队诺尔曼·白求恩向你报到。”

一旁的布朗显然不习惯这么热情的欢迎场面，有些不知所措地学着白求恩的样子也敬了个礼。

白求恩上下打量着聂荣臻又大声地用生硬的中文说道：“你是五台山鲁智深？”他边吃力地说着，边认真地盯着聂荣臻看。

聂荣臻一时不解其意，只好报以微笑……小董一边忙解释说：“在延安时，毛主席说，五台山前有鲁智深，今有聂荣臻，聂荣臻就是新的鲁智深。”

听闻这些，聂荣臻爽朗地放声大笑，道：“我们这里每个人都是鲁智深。”

白求恩点点头又说道：“我还知道，中国有一部著名的古典小说，叫《水浒传》，写了鲁智深喝醉了酒，把寺庙门破了，你不一样，保护了寺庙。”

聂荣臻说道：“我们还要保卫五台山，保卫全中国的领土。”

听完小董的翻译，白求恩也开心地笑了起来……随即拿出了他的党员证书和印刷在一条白色方巾上的名片，认真地说道：“这是我的共产党员证书，我的名片上面有加拿大共产党总书记蒂姆·布克的签名。”

聂荣臻恭敬地接过证书，仔细地看着，听完小董的翻译，高兴地说道：“我们都是共产党员，我们两个国家虽然远隔千山万水，但我们有共同的信仰，我们密不可分。”

听着小董的翻译，白求恩又像孩子般开心地笑了起来，他环顾着四下，又道：“我听说，你只带了三千人就建立了这个根据地？”

聂荣臻充满自信地：“我这三千人，在华北楔下一个钉子，狠狠打击日本鬼子。”

白求恩由衷地点点头，道：“毛泽东说，星星之火，可以燎原，我懂了。”

四下里，锣鼓，唢呐演奏起《大得胜》乐章，激昂的旋律一浪高过一浪，响彻山谷……

23. 司令部驻地　院落　日　外

这是一处有围墙的宽敞院落，青砖灰瓦的房屋气派不凡，院中央，一棵苍老的古槐树枝繁叶茂，遮天蔽日，树下，磨盘四周，众人依次而坐。

警卫员把热茶分别“献”给客人……聂荣臻热诚地介绍：“这是当地的土茶，但很有味儿，很爽口。”

白求恩呷了一口茶水，但他显然不感兴趣，对聂荣臻说道：“司令员同志，我们的工作岗位在哪里？”

聂荣臻笑着说道：“白求恩同志，你们是不是该休息一下，再谈工作。”白求恩一下子站了起来，忍不住地大声说：“我们是来工作的，可不是来休息的……你们要把我当作机关枪来使用，不要把我当作你们的古董……”说着，他比画着使用机关枪的动作。

看到白求恩的情绪激动，布朗忙道：“白，坐下来谈话，坐下来。”白求恩马上冷静下来，不好意思地耸耸肩，才又坐在原地。

聂荣臻理解地报以微笑，说道：“白求恩同志，你有什么想法，可以直言相告。”

白求恩一下子又来了兴致，开口道：“我过去从地图上看过中国，从报纸上了解到中国的一些历史，我认为中国是一个非常落后的国家，很难抵御日本法西斯的侵略。来到中国后，看到国民党军队连连败退，看不到胜利的希望，一切都证实了我开始对中国的认识和判断。”

聂荣臻等人认真地听着，时而点头示意，表示赞同白求恩的观点。

白求恩话头一转，说道：“我到了延安，见到了毛泽东，没想到毛泽东是一个如此谦和儒雅的人，完全不是国民党宣传的妖魔化的模样……”说到这里，他忍不住地咧咧嘴巴，接着说道：“我看到了延安这个崭新的天地，看到了中国的希望……我在西安时，听人说毛泽东的伟大，但是，你只有亲自听了他的讲话，才真正理解伟大的含义……他用他的战略经验，使八路军能够用游击战来抵抗日军，使日军的优质武器失去效力，这样拯救了中国……毛泽东真的有思想，懂政治，懂军事，尊重真理，我很崇拜他。我可以说，毛泽东是一位巨人，他能感动每一个和他见面的人，他是我们这个世界上最伟大的人物之一。”

聂荣臻接过白求恩的话头说：“正像你说的一样，毛主席是我们中国共产党的领路人，他领导红军多次转败为胜，我们红军战士都十分热爱他。”

听了小董的翻译，白求恩兴致更高了，大声地说：“我现在认识到，中国是这样大的一个国家，中华民族是这样大的一个民族，小小的日本要想侵略中国，是不可能的。我必须强调，你们的战争是正义的，你们并不孤独，世界人民支持你们，我们加美援华医疗队来到这里就是最好的证明。反抗法西斯是我们共同的任务，我们要把世界上的法西斯毒瘤都剜除掉。一天不把日本鬼子赶出中国的领土，我们一天不离开。”沉了一下，又说道：“不过，我还有一个问题，你们能不能在敌人后方长期生存？能不能坚持住？那个游击战是怎么开展的？”

聂荣臻回答道：“我们的老百姓都有一个起码的觉悟，就是不当亡国奴。现在，日本鬼子已经打到自己的家门口了，老百姓在家里睡不安稳。有我们八路军在，老百姓就觉得有了依靠，有了主心骨，我们走到哪里，老百姓都会欢迎的，有这样一个基础，八路军就不愁在敌后待不住了。”

24. 司令部驻地门外　日　外

数十名战士和村民围在门外，一个个伸着脖子朝院里看着，你一言我一语地议论着。

“哪个是那洋大夫？”

“跟聂司令员嚷嚷的那个大个子。”

“让俺好好看看，俺还没看见过这么个长相的人呢。”

“洋大夫，大鼻子，眼睛是蓝的。”

“洋大夫嚷嚷啥呢？”

“叽里呱啦的，俺哪知道……”

这时，叶青山大步走来，身后跟着三个持枪的八路军战士。

（字幕：晋察冀军区卫生部部长　叶青山）

见此情景，叶青山笑了，道：“让一让，让我们进去。”

25. 司令部驻地院落　日　外

白求恩谈兴正浓，滔滔不绝地说道：“根据我的经验，我敢说，如果手术及时，75% 的伤员都能够得到救治和康复。”

聂荣臻显然感到有些意外，道：“75%？这个数据是怎么得来的？”

参谋长接道：“现在，我们伤员牺牲和伤残的太多了。”

白求恩肯定地点了点头，接着说道：“这是我在西班牙战场救治得出的数字，完全正确。我和马海德讨论过这个问题，大多数受重伤的战士的死亡是因为没有及时手术，大多数伤残战士是因为错过了最佳手术时间，只有让医生接近战场，到战壕去，第一时间抢救伤员，才可以大大降低死亡率和致残率。”

聂荣臻听着，不时地点头。

参谋长深有同感地点点头，说：“我们的医疗技术确实有限，最高技术就是截肢，还不会做腹部手术，有不该牺牲的伤员牺牲了。”

白求恩：“我带来了一批医疗器械，足够装备一支战地医疗队，只要你下令，我组织手术队到前线。我向毛主席保证过，我救治的伤员 75% 都能避免死亡，我还保证把技术毫无保留地传授给中国同志……”

听到这里，聂荣臻用力一挥手，果断地说："我批准你的请求。"他一眼看到一旁站立的叶青山，又道："叶部长，怎么样？"

叶青山真诚地对白求恩说："白大夫，我们的困难很多，生活非常艰苦……"

不等叶青山把话说完，白求恩干脆地说道："放心吧。"他用手指着脑门，说："有了这个，什么问题都解决了。"他看到院门口拥起来的战士和百姓，不解地："他们为什么不进来？"

小董一旁忙道："战士和老乡们没看见过外国人。"

白求恩明白了，起身走过去连连招手："都进来，进来看。"

众战士和百姓这才纷纷上前，围着看白求恩。白求恩也朝前伸着脖子，又做着鬼脸……

参谋长上前，指着叶青山身旁的三名高个子八路军战士，说："白大夫，这三个战士都身经百战，身手不凡，你选一个……"三个身材魁梧的战士朝白求恩立正敬礼……

白求恩看着他们，明白了用意，连连摇头，道："我不要警卫，我就是战士。"

参谋长忙道："你选一个，做你的勤务员。"

白求恩又耸耸肩，说："我不要大个子。"

参谋长以为白求恩不满意这三名战士，伸手一指围观的战士，又道："那就从这些战士里选一个。"

白求恩看了一眼众战士，又是摇头说道："我不要带枪的，我只要小个儿的小鬼。"他一眼看到其中身材瘦弱的小何，痛快地说道："我就要这个小鬼了……"上前一拉小何，小何神情紧张地被拖拉着过来……

三名战士中的战士甲勇敢地开口道："白大夫，你怎么不要我们呢？"

白求恩看看战士甲，道："你们身材高大，有作战经验，到前线打仗更能体现价值。"转身轻抚着小何的头说："就是这个小鬼了。"

望着白求恩和蔼的笑容，小何不再害怕，也咧嘴笑了……（回忆完）

26. 驻地屋里　晚　内

屋里静静的，窗外不时传来一两声狗叫……

众人围在炕前，静静地看正专注写着遗书的白求恩。

一阵钻心的疼痛涌上心头，白求恩忍不住地咳嗽起来，脸上冒出汗珠……小何忙递上毛巾，白求恩接过，胡乱擦了两下，又拿起笔……

林金亮轻声地："要不要休息一下……"

白求恩似乎没听到林金亮的话，又专注地一笔一画地写起来……

"……请你给加拿大共产党总书记蒂姆·布克写一封信，地址是加拿大多伦多城威灵顿街 10 号门……"

27. 多伦多　加拿大共产党总部（回忆）

这是一间彰显着鲜明英国特色的办公房间，蒂姆·布克和白求恩坐在桌前，谈话正在进行中。

（字幕：1937 年 10 月 10 日　加拿大多伦多市　加拿大共产党总部）

布克介绍道："在援助中国的问题上，我们同美国共产党总书记白劳德达成一致，两国组成联合委员会，派遣医疗队到中国去，特别邀请你加入医疗队。"

白求恩的情绪明显兴奋起来，回答说："我十分感谢党对我的信任，我阅读了《红星照耀中国》，还有艾格尼丝·史沫特莱写的《中国红军在前进》这本书，知道中国共产党正在领导着艰苦的抗战事业，陷入困境的八路军现在急需有经验的医疗人员……我非常向往到中国，帮助他们。"

布克喝了一口咖啡，微笑着说道："你还有什么想法？"

白求恩真诚地说道："我的政治信仰来源于莫斯科之行，苏联向我呈现了最壮丽的景象，他们的全民医疗制度激发了我对马克思主义的好奇心。在当时，我并不知道这种制度的含义是什么，但是，我从苏联人民脸上那种自信的笑容，我看到了自己期待许久的东西……”沉了一下，又道：“我很庆幸能够成为一名共产党员。过去，我发誓要铲除结核病的根源，现在，我决心要与威胁这个世界和平的法西斯势力斗争到底……”

布克认真地听着，时而点头示意。

白求恩继续说道:“你知道,我的人生轨迹有些离经叛道,从西班牙回来后，我生活得很不如意，城市生活既堕落又无趣，我坚信去中国才能够摆脱过去的阴霾，成就我的人生，最终实现我的诺言——为人类的福祉做些事情。”

布克赞叹道：“说得好。你还有什么要求？”

白求恩坚定地：“我只有一个条件，如果我回不来了，你们必须要让世人知道，诺尔曼·白求恩是以一个共产党员的身份牺牲的。”

布克有些感动地连连点头，道：“对于中国的情况，我们知道的不多，那是一个非常古老的国家……”停了一下，接着说道：“我们由衷地欢迎你健康地归来。还有，我必须坦率地告诉你，加拿大共产党的所有经费都投入西班牙了，能够给医疗队提供的只有美好的祝福。不过，白劳德愿意为你们筹措资金。”

白求恩马上接道：“演讲，募捐是我的拿手好戏。”

话音刚落,秘书引着尤恩走进来……布克起身迎上两步,对白求恩介绍说:“她就是琼·尤恩。”

尤恩微笑着对白求恩说道：“我知道，你是从西班牙归来的战场英雄，我还知道，你拥有医学专业之外的多种才艺，你还是很多女人的梦中情人。”说着，她友好地伸出了手。

白求恩并未与尤恩握手，而是还了一个西班牙式的敬礼，道：“你是共产党员吗？”

尤恩摇摇头，坦诚地说：“我是出于人道主义精神和对中国的热爱加入医疗队的。从我第一次踏上中国的土地起，就和这个国家建立起一种割舍不断的联系，我在中国山东省的广大地区生活了四年……”

布克在一旁道："尤恩的中国语言掌握得很好，熟悉那里的情况。"

白求恩看着尤恩，说："你是个不可多得的助手。"随即提高声调道："让我们一同去开辟伟大的中国道路！"（回忆完）

28. 驻地屋里　晚　内

白求恩靠在被子上喘息了片刻，又开始一笔一画地书写着"同时，抄送国际援华委员会和加拿大民主和平联盟会，告诉他们，我在这里十分快乐，我唯一的希望就是能够多有贡献……"

29. 晋察冀军区后方医院　院落　日　外（回忆）

（字幕：1938 年 6 月 28 日　山西省五台县松岩口村）

这是一处面积广大的北方民居群落，院院相套，青砖灰瓦，气派不凡。

一排排屋檐下，摆放着简易木板床和担架，床上躺着从前线抢救下来的八路军伤病员，显然是病房不够，临时使用。

白求恩正带领众医护人员进行查房，他神情认真，一丝不苟……突然，他的眼睛直盯着前方，似乎在认真地审视着什么。

顺着白求恩的视线，只见一个女护士右手托着换药盘，左手放进口袋，正从病人床前匆匆走过……

白求恩一下子忍不住地叫道："护士，请你站住。"他的话很生硬，更显得刺耳。

女护士听到白求恩的喊叫，下意识地停在原地，望着这边，不知所措。

众医护人员也感愕然，一时不知所以。

白求恩大步走上前，来到女护士身边，语气依旧严肃地："你不觉得你刚才的行为不正确吗？"

女护士听完小董的翻译，依旧懵懂地站在原地，机械地摇了摇头……

白求恩一把拿过药盘，双手做托举状，说道："一只手托着药盘很危险，要知道，盘子掉了，治疗就会中断……”

女护士这才如梦初醒，连连点头，真诚地说：“我一定改正。”

白求恩这才满意地点了点头，转对众人说：“在这里，没有旁观者，我们每个人都要把双手举出来，做好随时准备的姿态。”

众人纷纷点头示意。

白求恩又对女护士说：“还有，你刚才是这样走路的，记住……”他学着女护士昂首挺胸的样子走了几步，又回到原地，真诚地说道：“一个医生、护士是不应该在伤病员面前昂首走过的……”

女护士和众人有的不理解，有的诧异，有的明白了问题，众人表情不一。

白求恩接着说道：“怎么做才是正确的呢？我做给你们看。”说完，他朝前走了几步，停下脚步，又一下子单腿跪在地上，同病床上的伤病员交流了两句……然后，起身走回来……继续对众人说道：“这样做是不是有一些虚伪呢？”他说完连连摇头，又道：“对这些伤员，我们除了用正确的治疗之外，还要考虑精神上的关爱，来补偿他们所忍受的痛苦，因为他们负伤是在拯救今日的中国，我们一定要给他们最大的帮助和关怀，让他们在战场之外不能再遭受痛苦。伤病员的痛苦就是命令，我们的医生和护士要坚决地执行……”

女护士真诚地回答说：“白大夫，我记住了。”

众人也纷纷点头赞同……

白求恩继续说：“你们要牢牢记住，伤病员把痛苦、把生命交给我们，我们要用爱去对待他们，爱能战胜一切病魔。”

听了这番推心置腹的真诚话语，众人纷纷感动地点着头，不由自主地报以热烈的掌声……

30. 后方医院　病房内　晚　内

这里的病房设在村边的一座古庙里，房顶吊着一盏煤气灯，光线昏暗，庙里的佛像早已不见踪迹，沿墙搭起了一排土炕，三十多名伤病员依次躺在上面。

白求恩和布朗正带领医疗队检查着伤病情况……白求恩显然发现了什么，有些生气地说道：“伤员晚上盖什么？”

一旁，院长忙回答说：“报告白大夫，还没有找到盖的东西。”潘世征忙接道：“发的被子呢？”

（字幕：八路军三五九旅卫生部政委 潘世征）

院长回答道：“准备反扫荡，不用的被子都坚壁了。”

潘世征应道：“派人快点拿回来，发给他们。”

院长：“坚壁的地方远，明天一定发下来。”

听完小董的翻译，白求恩忍不住地发怒道：“你们对伤病员的处置令人不能忍受，我以晋察冀军区卫生顾问的身份告诉你，这里存在着严重的官僚主义作风……”

说完，转身对小何命令道：“去把我们的被子拿来。”

小何忙应道：“是。”转身忙快步走出庙门……

潘世征忙对众人说道：“把我们的被子快拿来。”

众人行动起来，有的也急步走出去……

看到这一情景，伤员甲感动地对白求恩说道：“谢谢你，白大夫……”

白求恩对伤员甲温和地回答道：“孩子，有了被子，你们的身体就不冷了。”

布朗对白求恩说道：“白，我们抓紧检查伤情吧。”

白求恩这才点了点头，没再说什么，朝前检查着，来到一名年轻的伤员面前，为他检查伤情……只见伤员脸色苍白，左小腿上缠满了透着脓血的绷带，一块犬牙状的长骨露在外面，腿斜着向内翻着，显然，这是受伤后救治时没有上夹板所导致的……

白求恩再也忍不住地质问道：“这是谁负责的？”

众人一下子怔住了，一时无人回答……

白求恩脸色气得铁青，又喝道：“谁干的？！”

这时，潘世征小声地：“报告白大夫，是我……”

“你？……”白求恩紧紧盯着潘世征，大声怒斥道：“你为什么不给他上夹板？……你知道你面前的伤员是什么人吗？这是经过二万五千里长征的英雄，是我们八路军的精英，是我们亲爱的同志……”

一旁，院长开口解释说：“白大夫，因为前线准备的夹板都用完了……”

潘世征伸手制止了院长的解释，真诚地说道：“白大夫，您批评得对。”

白求恩怒气不减地：“在战场上，战士丢失了一挺机关枪，可以再从敌人手里缴获，可战士失去了健康，这种损失是无法弥补的，你知道吗？因为没上夹板，伤员的腿要截肢……”

众人显然被这个结论惊住了，一个个呆在原地。

白求恩又对潘世征说道：“我绝不容忍你这种不负责任的行为，我不允许你站在这里……请王旅长来一趟，我要向他报告。”他一副不依不饶的表情。

院长轻轻推了推潘世征，示意他先离开……潘世征依旧真诚地说道：“我去请旅长，您消消气……”转身离开……

看到潘世征走出门……白求恩又哼了一声，转对伤员俯下身体，惋惜地说道：“我的孩子，你的腿要锯掉……”

年轻伤员看着白求恩和蔼的神情，轻轻点了点头，又闭上眼睛，显然很难过……

白求恩的眼圈也红了，又说道：“只有锯掉了，才能保住你的生命，请相信我吧，孩子。”

一旁，众人也被白求恩的真情深深感动了，女护士不禁流下了热泪……

31. 空镜　晨　外

一轮朝阳跃上山峦，晨光万道，天际璀璨……

蜿蜒远去的河水欢快地流淌着，在晨光照耀下，闪着粼粼波光……

32. 后方医院　院门口　晨　外

两匹快马径直跑来……停下，王震和警卫员跳下马来……

（字幕：八路军三五九旅旅长　王震）

门前，值勤战士立正敬礼……王震急切地：“白大夫呢？”

战士：“报告旅长，那个洋大夫可真硬啊！”

王震一怔，随即道：“怎么个硬法？”

战士：“院长说没有夹板，洋大夫一大早就带着王大夫做木头的夹板，他手可真巧啊……”

王震点点头，大步走进院门……

33. 后方医院　院落　晨　外

王震大步走进来，爽朗地大声道：“白大夫，王震向你报到了。”

正蹲在地上专注地做着木夹板的白求恩和王道建闻声，急忙站起身，看着大步走过来的王震，王道建立正报告：“旅长好。”

（字幕：白求恩战地医疗队医生　王道建）

白求恩看着王震，开口道：“你是王震？”他显然心情不错。

王震庄重地行了个军礼……一眼看到白求恩手里的木夹板，说道：“白大夫好手艺啊！”

白求恩开口道：“王旅长，我要向你提意见。”

王震真诚地：“我就是来听你的批评的。”

白求恩直言不讳地：“我知道，你是一位英勇善战的将军，你的部队的战斗力是无可挑剔的，但是，你们对伤员的处置却是极其糟糕的，是不能容忍的！”

王震轻轻点头，道：“我们的卫生工作需要你的帮助。”

白求恩也点点头，举了举木夹板，说道：“你们老说没有夹板，钢铁夹板制作困难，可以用木夹板代替，只要暂时起到固定骨头的作用就可以了，完全没有问题……”

王道建接道：“这个木夹板用起来非常简便。”

王震拿过木夹板，认真看着，说：“土法上马，解决大问题啊。”

听完小董的翻译，白求恩满意地点了点头，道：“眼前最重要的，是每次战斗都要派一支医疗小分队接近战场，我反复强调的战地手术三原则，第一，离前线越近越好，第二，手术越早越好，第三，手术速度越快越好。”

王震果断地：“我非常同意你的说法……”沉了一下，接着道：“我们马上要打一场大的伏击战，想请你一起行动。”

白求恩闻此，顿时兴奋起来，跃跃欲试地：“太好了，前线就是刺刀见红的地方……”又紧接道：“我喜欢危险，险境能够给肾上腺素带来变化……”

这时，潘世征大步走过来，到白求恩面前，立正道：“报告白大夫，我来接受批评。”

白求恩看了潘世征一眼，没说话，看得出来依旧带着不满的情绪。

王震指着潘世征，说道：“你误会潘世征同志了。”

白求恩一怔：“误会？”

王震点点头，真诚地解释说：“我调查过了，那名伤员从战场上抢救下来，正要给他手术时，鬼子冲上来了，为了掩护伤员，一名护士牺牲了……伤员连夜转移过来，他的左腿就这样耽误了。”

听完小董的翻译，白求恩点着头，转对潘世征说：“我是个法西斯，我收回那些对你发表的恶言恶语。”紧接着，又用生硬的中文说道：“对不起。”

潘世征连连摇头，说：“不，不，白大夫，我要努力学习您的手术技术，学习您对待工作的认真态度。”

白求恩连连点头，道：“好，好，我收下你这个学生……”（回忆完）

34. 驻地　晚　外

白求恩神情专注，一笔一画地书写着……

“……也要写信给美国共产党总书记白劳德，并寄一把缴获的战刀。这些信可以用中文写成，寄到那边去翻译……

35. 晋察冀军区司令部内　日　内（回忆）

聂荣臻、参谋长、叶青山、小董等人围坐在一起商谈工作，话题围绕着白求恩的情况。

聂荣臻神情认真地：“7 月 20 日，白求恩大夫给毛主席写信，提出建立一所示范性的医院，叫作模范医院，他认为经过五个月的努力，就能够实现这个目标。一开始，我是不赞成建立这种永久性的医院，这不符合我们的实际情况。”

参谋长接道：“敌后游击战中，我们每一个据点都是临时的，随时要面临鬼子的扫荡报复。可是，白大夫总是强调我们这里四周都是大山，没有公路、铁路，日本鬼子到达不了，他不相信在我们边区的土地上，找不到一块安全的地方建一所医院。”

聂荣臻：“毛主席发来电报，批准建设这所医院，我觉得毛主席有更长远的考虑，他是希望用现实来帮助和教育白求恩大夫。”

叶青山点头示意，开口说道：“经过这段日子的接触，我们发现白大夫是一个严谨细致、极端负责的医生，他看到我们工作中不尽如人意的地方，认为我们封建落后，批评起来不留情面，我们的医生和护士对他真是又敬重、又害怕。”

小董接道：“我们几个背地里都叫他老虎，他老发脾气。”

聂荣臻微微一笑，说：“白大夫刚到我们边区，还不了解我们游击战争的特点，不了解我们艰苦落后的实际情况。我们有的同志工作效率低，互相推诿，他发脾气我们要理解。”又对小董道：“特别是你，不单单要做好翻译工作，还要多去了解他的内心感受，帮助他尽快适应我们的艰苦条件，顺利开展工作。”

36. 一组镜头　日夜　内外

屋里，白求恩正在指挥着战士粉刷墙壁。

院落一角，白求恩和村民围在烈焰翻滚的炉火前，拉动风箱，挥动铁锤，打造医用器械。

教室里，白求恩在简陋的黑板上飞快地画着人体解剖图，二十多名医务人员盘腿坐在地上，认真地接受着培训。

院落中，二十多名村妇清扫垃圾，洗涤衣被，有条不紊，一派忙碌景象。

（画外音：白求恩带领边区军民开展了“五星期运动”……）

37. 松岩口模范医院　院落　日　外

（画外音：1938 年 9 月 15 日　模范医院落成典礼。）

几百名八路军官兵和驻地男女乡亲围站在院落中，个个神情激动，兴奋地等待着……

戏台上，八名身材高大的战士一排肃立，双手擎着八面锦旗……锦旗上分别用中英文绣写着：

“白求恩，我们的同志”

“白求恩，我们的战友”

“白求恩，我们的医生”

“白求恩，我们的模范”

“白求恩，我们的导师”

“白求恩，我们的卫生顾问”

聂荣臻高声宣布：“现在，请我们敬爱的白求恩大夫讲话。”

伴随着雷鸣般的掌声，白求恩面对台下观众，他潇洒地把拳头举向帽檐，开始了他热情、亲切的演讲："西班牙同志敬礼是举拳，中国同志敬礼是举手到帽檐，我把两种敬礼结合在一起了……谢谢你们送给我这么多美丽的旗帜，对我说了那么多友好的话语。今天，模范医院建成，是我们大家生命里一个重要的日子，也是我们前进道路上一个重要的里程碑……现在，千百万热爱自由的加拿大人、美国人和英国人的眼睛都渴望着东方，他们怀着钦佩的心情注视着正同日本帝国主义进行殊死决战的中国人民……"

听完小董这一席话的翻译，台下军民一时间静静的，理解，不解，新奇……

白求恩继续说道："你们不要惊讶，为什么远隔万里在地球另一边的人们要来帮助你们？因为你们和我们都是国际主义者，没有任何种族、肤色、语言和国界能把我们分开。热爱和平是无国界的，日本侵略者和战争贩子在威胁着世界和平，但他们终将失败，因为他们阻碍了伟大的历史进程。正因为加拿大、美国和英国的工人阶级以及同情你们的自由主义者明白这一点，所以，他们愿意帮助中国人民来保卫自己美丽可爱的国家……"

小董的翻译话音刚落，台下军民报以热烈的掌声……

白求恩情绪受到感染，提高声调继续说道："我在这所医院已经工作了三个月，过去我常认为它是'你们的医院'，现在我已经把它看作'我们的医院'，因为我们共同创造了它……我从各位身上学到了宝贵的经验，无私奉献、团结合作和一往无前的精神，我感谢你们给了我这些，当然，作为回报，我也教大家掌握了一些技术……"

台下众军民的掌声越发热烈……

白求恩继续说道："对于八路军的医务人员来说，我们的敌人是死亡、疾病和伤残，虽然技术不能战胜所有这些敌人，但可以战胜其中的绝大多数……医生、护士和护理员的责任是什么？只有一个，那就是使我们的病人快乐，帮助他们恢复健康和体力，你必须将他们看得比你的父兄还要重要，如果不是这样，不但八路军医院没有你的容身之地，实际上，八路军中也没有你的容身之地……”

台下，众军民的掌声不时地热烈响起，持续……

白求恩显得越发兴奋，继续说道：“你要急切地寻找工作，做两三人所做的工作，不断地提高技术，时刻挂念你的病人，如果别的医生一天去看一次病人，你就一天去看两三次。这样，一段时间后，聂司令就会知道你，就会任命你为主任医生。到了那时，你依然像以前那样拼命工作，并指导别人，毛主席就会知道你，将任命你为八路军卫生系统负责人。然后，由于聂司令不同意你离开这里，在聂司令和毛主席之间就会有一场友好的争取，看谁能抢到你……”

听完小董绘声绘色的翻译，台下军民爆发出更加热烈的笑声、掌声和欢呼声……

白求恩继续道：“在这里，我要感谢所有为建设模范医院出过力的人，感谢木匠，感谢铁匠，感谢锡匠，感谢照顾伤员的老百姓，感谢管理科和勤务班……我更要感谢董……”说着，他把小董拉上前来，又道：“董是我的化身，没有他的耐心、幽默和智慧，我一定是不知所措的……在我们共同度过的日子里，他一次次帮助、教育了我……”

小董显然没想到白求恩把话头指向自己，一时语塞，不知怎么翻译好了……看到小董说话吞吞吐吐的样子，白求恩开心地和小董拥抱起来，朝他的额头吻了一下……

台下，众军民纷纷高喊道：“白求恩，我们的朋友！我们的医生！我们的亲人！……”

38. 一组镜头　日　外

山间小村落，处处可见日寇扫荡后的惨状……房屋损毁，烟火弥漫。死难的老人、妇女、孩子排成一列……

村口一块巨石上，刚刚写下四个鲜红的大字：以血还血。

司令部内，聂荣臻、参谋长几人走来，参谋长向白求恩讲述着……

白求恩神色凝重，眼噙热泪。

村口，白求恩静静地伫立着，望着莽莽的太行山，陷入沉思中……

（画外音：仅仅十八天后，晋察冀抗日根据地遭到日寇疯狂的“扫荡”报复，军区司令部被迫转移到河北省平山县蛟潭庄。模范医院被日寇纵火焚毁，仅留下一棵有着数百年树龄的古松……残酷的战争现实教育了白求恩，他开始逐步理解、熟识中国的抗日游击战术，满腔热忱地投身到火热的工作之中……）（回忆完）

39. 驻地　晚　内

屋里静静的，众人围在炕前。

白求恩的呼吸显得越来越困难，他努力忍受着身体巨大的痛苦，但握笔的手已经有些不听使唤了，写出的字迹越来越模糊，字体变成了圈圈点点……

林金亮见状，轻声地道：“就叫小董写吧，您来口述。”白求恩吃力地点了点头，又道：“给我注射一剂强心剂。”

护士上前，动作娴熟地为白求恩注射……只见白求恩露出来的左臂已经变成了黑色……

小董一边擦拭着热泪，一边从白求恩手里接过笔，准备记录……

白求恩调整了一下呼吸，说道：“请求国际援华委员会给我的离婚妻子坎贝尔夫人拨一笔生活款子，分期给她也可以……”

白求恩似乎沉浸在美好的往日回忆中，瘦弱的脸颊显出孩子般童真的笑意……

40. 唐河边　日　外（回忆）

（字幕：1939 年 8 月 15 日　河北省顺平县神北村）

夏日的太阳洒照在唐河两岸，河水缓缓流淌，四下草木葱郁，别具一种安详、和谐之感。

光着上身的白求恩坐在石块上，面前的小桌上摆放着打字机，他正专注地打字……

一旁，小何正卖力地洗着衣服……

随着白求恩流畅的打字，依次显现出如下内容……

“……我曾经给你拍过一封电报，让你不必马上来此地会合了，而应当留在加拿大等待我。至于我嘛，当然必须留在这里工作，如果你依然保持着和我一致的信念，那么，明年你可以和我，同返中国……”

或许，他打字到开心处，不由自主地吹起了口哨……

“白大夫……白大夫……”远处传来呼叫声……

白求恩转身循声看去，只见前方山间小路上，小董和女护士正脚步匆匆地走过来，朝这边招着手……

白求恩也朝对方伸手示意……继而，转回头，继续打起字来“……上帝，很久啦，我又累又消瘦，也许你看到了不会再喜欢你的老家伙了！再见了，亲爱的莉莲！……”

“白大夫，《论持久战》给您找到了……”小董边朝前走，边大声说道。

白求恩起身，看着小董和女护士，伸出右手大拇指，高兴地大声道：“Good！”

小董和女护士走到近前……小董开口道：“是小王的书，听说您需要，马上就送来了……”

白求恩高兴地接过书，翻看了一下，说道：“你们知道吗，毛主席用了七天七夜的时间，写出这本书，他太投入了，脚上的布鞋还被火盆烧了一个大洞。”

三个年轻人显然是第一次听说这些，不由地点头。

白求恩兴致越发高涨地：“毛主席有着一种东方的魔力，这本书里包含着他伟大的思想，这本书是有可能将中国从日本强盗手中拯救出来的伟大著作。我要把书寄去加拿大，叫我亲爱的人认真地学习……我相信，他们读完这本书，就会明白中国不是马德里。”

女护士看着兴奋的白求恩，开口道：“白大夫，我听说你离过两次婚？”

白求恩点点头，咧了一下嘴……

女护士好奇地问道：“为什么呢？”

这句话语仿佛一下子勾起了白求恩内心的伤痛，他由欢愉变得黯然神伤。

三个年轻人静静地看着白求恩。

白求恩开口道：“我的婚姻失败，原因是我……我总是强烈地认为自己才是真理，我总是强迫她做违背内心的事情，没有站在她的立场去想问题……”

三人对白求恩的这席话听得似懂非懂。

白求恩看着三人，和蔼地说道：“等你们有了相爱的人，就明白很多道理了。”

女护士又问道：“我听说，您原先信仰基督教。”

白求恩神情认真起来，说道：“准确地说，我是出生在基督教家庭，我的父母都是牧师，这个家庭赋予了我福音传道者的精神。我小的时候，父亲用《圣经》中的诫喻来教育我，‘像爱护你自己那样对待别人……’沉了一下，接着说道：“后来，我把这种精神转化成一种社会责任感，直到信仰共产主义。”停了一下，又道：“在我看来，只有共产主义才能建立一个消除贫穷和灾难的世界……”

三个年轻人边听，边频频点头致意。

白求恩一下子来了兴致，又对女护士严肃地说道：“作为一名护士，你要时刻想起希波克拉底的誓言，首先你是一个人道主义者，不能光用药品和技术来治病，要用一种更有力而肯定的东西——爱，要有一颗慈母般的心，无微不至地体贴和关心伤病员。”

女护士认真地点了点头，道：“我会永远记住您的话。”

白求恩开心地连连点头，伸出大拇指以示赞赏，又俯身拿起尤克里里琴说：“我来给你们演奏一曲。”

三个年轻人受到了感染，高兴地拍起巴掌。

白求恩动作娴熟地弹着琴，开口哼唱起加拿大民歌《红河谷》……“人们说你要离开村庄……”

女护士也不甘示弱地从口袋里拿出一把口琴，跟随着旋律吹奏起来……顿时，悠远、深情的歌曲回荡在唐河两岸，伴随着河水潺潺的流动声，飘向很远、很远……（回忆完）

41. 驻地　晚　内

白求恩似一尊雕塑，一动不动，慢慢地说道：

“……两张行军床，两双英国皮鞋，你和聂夫人留下吧……”

42. 平汉铁路前　晚　外（回忆）

（字幕：1939 年 2 月 28 日　河北省定县清风店　平汉铁路）

两条铁轨在夜光下闪着寒光，延伸向远方，四下里万籁俱寂。

前方，耸立着大小两个鬼子的炮楼，模糊的灯光从窗口处散射出来，炮楼顶上的探照灯的强光不时地扫射在铁路上。

不远处，一片树林里，白求恩和东征医疗队正隐蔽其中，一个个屏住呼吸，注视着铁路上的情况。

探照灯的强光不停地在东征医疗队队员们头顶的树杈上晃动着……只见白求恩身穿蓝色卡其布的工装，头戴八路军军帽，脖子上围着毛巾，脸上戴着一个棉布口罩，帽檐压得很低，只有那双湛蓝的眼睛显露出白种人特有的标志……

一旁，领队游胜华低声介绍道：“日本鬼子为了割断山区根据地和平原的联系，以铁路为屏障，建了一道封锁线，铁路两边还挖了一条一人多深的壕沟，建了很多的炮楼、哨塔。”

白求恩的烟瘾似乎犯了，他掏出一根香烟叼在嘴里，用衣袖遮住了风点着烟，深深地吸了一口……

游胜华回身，见状严厉地："不许抽烟！"

（字幕：晋察冀军区卫生部副部长　游胜华）

白求恩吐了吐舌头，赶快掐灭了烟。

很快，一辆日军巡逻车缓缓驶来，越来越近，刺耳的声音在黑夜里格外沉重、响亮。随后，一支全副武装的日军列队跟随走过……

看着巡逻车和日军队伍渐行渐远，游胜华低声命令道："快速通过，跟上。"

白求恩走在队伍前边，队员们紧跟其后，依次穿过铁轨……白求恩自语道："穿过敌占区，很刺激的。"他生硬的中文语气中透着一种万丈豪情。

东征医疗队快速有序地通过了铁路，驴和骡子的蹄子上都包裹着麻袋片，嘴里衔着纱布包的木块，行进起来没有格外的响动，很快，队伍就消失在茫茫夜色中……

43. 冀中平原　晚　外

队伍快速有序地前进着……队员们个个兴致勃勃，丝毫看不出疲惫的神色。

白求恩痛快地大口抽着烟，打开了话匣子，说："离开太行山，来到冀中平原，这里有另一种壮观的气象……"他似乎想到了什么，对身边的小董和小何说道："你们知道，战场上一根火柴不能点三根香烟的故事吗？"

小董和小何都连连摇头，应道："不知道"。

游胜华急走几步，来到前边，接道："我来讲讲……第一次世界大战时，几个士兵在战壕里抽烟，一个士兵划着了火柴，给战友点上烟，没事儿，给第二个战友点烟，也平安，最后，轮到给自己点烟了……"他停顿了一下，接着讲道："这时，啪的一颗子弹飞来，他中弹牺牲了……"

众人听完，一时沉默，不知道该说什么好。

游胜华继续说道："这个故事就是白大夫讲给我的。"

白求恩这时开口道："这是迷信吗？不，不是迷信。这是火光给了敌人瞄准目标的时间……”沉了一下，语气转为严肃地说道：“战场上不能抽烟，这是铁的纪律，我刚才违反了纪律，请同志们批评。”

小何接道：“我以后保证监督你。”

白求恩开心地拍了小何脑袋一下，道：“小鬼……”

44. 冀中村落　胡同　晚　外

医疗队行进在一条幽长的胡同里……走在队伍前边的白求恩突然停下了脚步，顿时，他后面的队伍也停了下来……一时间，四下里寂静异常。

游胜华从队员最前边匆匆走回几步，问道：“怎么停下了？”

白求恩伸手朝旁边一家农户示意……只听见院落里不时传出一阵阵男人痛苦的呻吟声，黑夜间格外清晰入耳……

这时，向导也从前边急步走过来，说道：“俺知道，是这家的二哥，心口上长了个脓疮，有碗口大。”

游胜华问道：“怎么没去看？”

向导解释道：“这个村是鬼子的爱护村，鬼子不让出村看大夫，也不叫外来的大夫进村，二哥的病就耽误了。”

白求恩听完小董的翻译，气愤地说道：“这些灭绝人性的法西斯，连一个病人都不放过。”果断地：“我要进去看看。”

游胜华赶忙拦住白求恩，说：“鬼子的炮楼离这里很近，我们要抓紧离开。”

白求恩连连摇着头，坚定地说道：“我们不能看着病人不管，绝对不能。”说完，他迈步向前，一把推开虚掩的院门，走进院落……

这时，由远渐近传来一阵巡更的梆子声，伴随着更夫有气无力的喊叫：“平安无事喽……”

45. 二哥家里　晚　内

昏暗的油灯下，只见土炕上躺着一个面容消瘦的庄稼汉子，他胸前鼓起来一个大大的脓疱。白求恩不由分说，上前为庄稼汉子检查完脓疱，对游胜华说道："卸下手术器械，准备手术。"又紧接道："游，放心吧，20分钟就完成。"

游胜华对战士甲命令道："快挡住窗户，注意警戒。"

46. 二哥家院落　晚　外

院门两侧，两名持枪的战士全神贯注地警戒着。

破旧的窗户上，从屋里透出一缕灯火，黑夜中显得格外明澈、温馨……

47. 村落街道　晨　外

天色微微透亮，东征医疗队径直前进着……四下里，只有脚步声和马蹄声回响在寂静的村落间……

迎面，侦察员匆匆小跑过来，对游胜华道："坏了，有一股鬼子奔村里来了。"

闻此，队伍顿时紧张起来……游胜华伸手示意队伍停下来，看着焦急的侦察员，游胜华冷静地："有多少鬼子？"

侦察员忙道："太黑，看不清楚，那阵势有百十个鬼子。"向导一旁道："快走几步，进地道医院。"

游胜华点点头，对侦察员说："你们想法子拖住鬼子。"

侦察员点点头，转身撒腿跑去……白求恩重复地自语："地道医院是什么？……"

游胜华命令道："大家跟上。"

医疗队又快速有序地掉转方向，走进一条狭窄的胡同……

48. 村口　晨　外

一队气势汹汹的日军冲到村口，正在盘问着一个背筐的老农……带路的汉奸喝道："干什么的？"

老农镇静地说道：“拾粪的。”

带路的汉奸问道：“村里来人了吗？”

老农连连摇头，说道：“没人进村。”

鬼子队长厉声喝道：“八嘎！你的撒谎！”

汉奸紧接道：“这一路的粪蛋儿，都是新的，还说没来人！”他边说边朝地上指点着。

更夫顺着汉奸的手指方向，只见地上散落着稀稀拉拉的牲口粪便，一直进入村里。

鬼子队长穷凶极恶地叫道：“不说，死拉死拉的！”

更夫很快镇定下来，满脸堆笑，解释说：“太君，这牲口粪是俺村的，庄稼主儿五更天下地，种粮食，收成好了，好孝敬皇军不是。”

听完汉奸的翻译，鬼子队长连连点头，道：“哟西，良民大大的……”

49. 农家屋内　夜　内

白求恩好奇地打量着屋里四下，一派整洁、简陋……只见一位神色平和的大娘推开墙边的一个柜子，露出夹壁墙上的地道入口……

大娘和蔼地：“同志们，跟我下地道。”说完，率先钻进地道……

50. 地道内　夜　内

大娘掌灯在前，众人随后，沿着蜿蜒曲折的地道向前走着……

白求恩伸手摸着四壁，由衷地赞叹道：“中国人太聪明了，太伟大了。”

前方地道呈现出一处面积硕大的“厅堂”，只见十几个伤员或坐或躺，安静地等待着。

游胜华介绍道：“这就是地道医院，轻伤员在这里完成手术，重伤员主要是养伤，等待时机过封锁线，转移到后方医院。”

白求恩由衷地：“奇迹，世界的奇迹”。又似自言自语地：“你们就是

中国的救世主，我毫不怀疑，胜利一定属于中国人民……”（回忆完）

51. 驻地　晚　内

伴随着白求恩一字一句的遗嘱声，小董快速地书写着……笔画有力，力透纸背……

“……马靴、马裤、请交给吕司令……”

52. 马湾村村口　黄昏　外（回忆）

（字幕：河北省肃宁县马湾村）

这是一条狭长的乡间小路，两侧是一排挺拔的白杨树，枝繁叶茂，郁郁葱葱，四下里麦田无垠，彰显着冀中平原的典型特点。

时值黄昏，夕阳悬在西天，万道霞光，璀璨夺目。

东征医疗队沿着小路走来，尽管长途跋涉，人困马乏，但大家依旧精神抖擞。

村口，站立着等候的贺龙、吕正操、参谋长一行人，见医疗队远远走来，贺龙率众人大步迎上前，同医疗队会合在一起。

（字幕：八路军一二〇师师长　贺龙　八路军冀中军区司令员　吕正操）

贺龙快步迎上前，同白求恩热烈地握手……不等贺龙开口，白求恩抢先说道：“你是贺龙将军，我知道你的胡子。”沉了一下，随即又说道：“我在埃德加·斯诺的《红星照耀中国》里，已经知道了你的那把菜刀的故事，我敬重你。”

听完小董的翻译，贺龙开心地笑着。对白求恩说道：“你比报纸上的照片可瘦多了，你可是我们八路军的宝贝啊！”

白求恩点点头，道：“我的身体棒棒的，除了有点八路军式的慢性咳嗽，其他都很好的！”

贺龙更加开心地大笑，说：“我听回来的同志们说，现在战士们打仗前，都士气高涨地喊口号说，‘冲啊，受伤了，有白求恩大夫给我们治病’。”

白求恩边点头边说道：“八路军战士英勇无比……”

正在这时，一名参谋急匆匆跑来，对贺龙低声报告道：“师长，有紧急情况。”说着，把一份贴着三根鸡毛的情报递给贺龙……

贺龙展开鸡毛信看着，神色变得凝重起来，自语道：“是吉田大队来了……”

参谋长一旁介绍道：“这个吉田大队是冈村宁次特别从沧州调来的，会合了河间周边三千多日伪军，来势汹汹，意图明显，就是要找我们决战。”

贺龙哼了一声，道：“想得美。”

参谋长进一步介绍道：“吉田大队参加过南京大屠杀，800 多鬼子每人因此获得了一枚勋章，是一支血债累累的野兽部队。”

闻此，贺龙竖起双眉，喝道：“这回撞到老子枪口上了。”

53. 乡间土路　日　外

日军排列整齐，包括汽车、摩托车、装甲车和骡马运输队，浩浩荡荡地向前行进，杀气腾腾，耀武扬威。

行进在队伍前面的是四个骑着高头大马的日军官，显得不可一世……中间的吉田举着望远镜，不时地侦察着前方的情况。

一旁，日军官乔本说道：“不得不承认，八路军的一二〇师很有战斗力，他们熟悉运动战术，声东击西，连续偷袭皇军部队。”

另一名日军官接道：“土八路熟悉地形，惯用伏击战术。”

吉田一字一句地说道：“一二〇师，贺龙。”

乔本介绍道：“情报部门获悉，贺龙是个老资格的共产党，吕正操的部队本来就很难缠，加上贺龙的一二〇师，我们要足够的重视。”

吉田一副傲慢的神情，不紧不慢地说道：“大日本皇军是不可战胜的。中国有句古语，叫作泰山压顶，我们要连续扫荡，不给土八路喘息的机会，逼迫他们与我皇军决战。”

乔本频频点头，道：“土八路一直用小股部队与我皇军接触，显然，他们意图保存实力，等待战机。”

吉田朝前方挥动着马鞭，大声道：“乔本君，齐会村有共产党河间县政府，我们杀到那里，烧光、杀光、抢光，土八路的主力一定会出来与皇军战斗。”

沉了一下，又大声说道：“大日本皇军要重现摧毁南京的军威……”

日军队伍向前行进，路上掀起滚滚烟尘……

54. 冀中军区作战室　日　内

桌上摊放着一张手绘的河间地区地形图。

贺龙、吕正操和参谋长等人围在图前，正在讨论战情。

贺龙手指点着图上的目标，说道：“避实就虚，灵活机动，先把小鬼子的锐气挫掉。”

参谋长赞同地点头道：“看阵势，鬼子是直奔齐会村，我们就将计就计，以齐会村为主战场，吃掉它。”

吕正操紧接道：“阻击，包围，打援。”

贺龙笑道：“正合我意。”

吕正操对贺龙说道：“一二〇师连续作战，要喘口气，这次主攻就叫我们上吧。”

贺龙摇摇头，朗声道：“一二〇师挺进冀中，就是要多杀鬼子，我们装备比你们强，还是我们上，你们熟悉地形，正好打援。”说罢，用力拍拍吕正操的肩膀，干脆地说道：“放心，战利品平分。”

吕正操笑着点头道：“遵命。”

这时，白求恩大步走进来，边走边说道:“我考察地形了，救护所放在屯庄。”

贺龙听罢，转身在地图上点着屯庄的地标，边道：“屯庄离齐会太近了，只有五六里……”参谋长接道：“救护所要放到安全稳妥的地点，鬼子的炮火火力很强……”

不等参谋长把话说完，白求恩打断他，用一种不容置疑的口气说道："我参加过西班牙内战，军事上懂一些，鬼子92迫击炮的最大射程是2788米……"沉了一下，紧接道："打仗总有危险，如果为了个人安危，我就不来中国了，只有消灭了鬼子，我们才最安全。"（回忆完）

55. 驻地　晚　内

白求恩靠在被子上，用尽力气说道："……贺将军，也要给他一些纪念品……"

56. 村庄　日　外（回忆）

一发发炮弹落到村庄里……顿时，炮声隆隆，浓烟冲天，一片火海……

（考虑动画视觉效果）

57. 村庄　战地道沟　日　外

远处，炮声隆隆……大地仿佛都在颤动……天空浓烟滚滚，铺天盖地……

两名民兵抬着躺着伤员的担架一路快跑……冲出道沟……径直冲过一片开阔地……跑进前方的真武庙山门……

58. 真武庙里　日　内

庙中间端坐着一尊高大威武的真武大帝塑像，披发赤足，金童玉女侍立两旁。庙顶部和两侧墙壁用白布绷上，但墙壁依然露出斑驳的道教题材内容的壁画，顶部悬挂着一盏汽灯，临时手术台就设置在塑像前的香案上。

白求恩身穿白色手术衣，胸前挂着橡皮围裙，头戴小汽灯，身上背着电池，正率领两名医生和四名护士，全力投入紧张的手术中……

光线暗淡的屋里，除了手术剪子、钳子的"叮当"声和白求恩短促而有力的指令声外，别无声息，更显得紧张而又安寂。

白求恩刚刚做完一例手术，助手开始为伤员缝合伤口……这时，小何冲进来，对白求恩说道：“白大夫，凉水打来了。”

白求恩摘下口罩，转身朝庙外走去，他身体有些踉跄，显然是疲惫极了……

59. 真武小庙外　日　外

庙门口的地上摆放着一个大木桶。白求恩径直上前，蹲下身体，一头扎进水桶里，不停地晃着头……片刻，湿淋淋的头出来，摇晃着站起身，似乎身体站不住了，用尽浑身力气站稳，又深呼吸了两口气，抖抖头发上的水珠，这才清醒舒适了许多……

小董一旁看着白求恩，心疼地说道：“您歇一会儿吧，一天一夜没合眼了，铁人也熬不住啊……”

白求恩摇摇头，执拗地回答道：“我已经好了，不用休息，还有更多的伤员等着我们，你们要轮换休息，不要拖垮了。”又转对小何，用生硬的中文说道：“小鬼，拿‘小日本’来。”

小董忙递上七八块饼干，白求恩接过，将其中的两块塞进嘴里，用力咀嚼着，脸上显得很愤怒的模样，又风趣地说道：“我吃一块饼干，就等于吃掉一个日本鬼子。”

这时，远方传来一阵异常猛烈的爆炸声……白求恩神情专注地听着，又说道：“这里比马德里战斗猛烈多了。”停了一下，又道：“我找到了做上帝的感觉……”他的话音刚落，只见担架队队员抬着担架一路跑来，来不及打招呼就冲进庙里……

白求恩等人忙跟随着匆匆进去……

60. 空镜　日　外

随着一阵“嗡嗡”声，只见两架日军飞机正在低空盘旋而来……开始投下一颗颗炸弹……

（用动画效果表现）

61. 空镜　日　外

一团黄绿色烟雾在村庄上空升起，飘浮过来，借助风势，逐渐接近地面，四处弥漫开来……

（用动画效果表现）

62. 真武庙前　日　外

黄色烟雾弥漫过来……

白求恩冲出庙门，见状，稍作判断，大声对身后的小董命令道："是氯气，把防毒口罩、毛巾拿上，跟我来。"说完，健步冲出去……

63. 八路军阵地　日　外

这是一处规模很大的宅院，院落墙体坚固……战士依托有利地形，正在进行防御作战。

一股股黄色有毒气体顺风在阵地上空蔓延开来……战士被呛得喘不上气，有的战士一下子晕倒，重重地摔在地上……

小战士甲骂道："这是啥味儿……"话音刚落，忍不住地连续喘了起来……正在这时，一个浸过石灰水的口罩递到他的面前，伴随着一句生硬的汉语："戴上它。"

小战士甲下意识地接过口罩，转过脸，顿时惊喜地叫道："白大夫……"随即喊叫道："白大夫来了！……"

白求恩不由分说地把口罩给小战士甲戴好，又大声道："同志们，不要怕，戴好口罩。"

阵地一隅，只见贺龙靠在墙体一侧，面色铁青，参谋长等围站在一旁，正在一边给贺龙"喂水"，一边用衣服"扇打"着毒气的弥漫……

白求恩匆匆赶来，分开众人，上前熟练地给贺龙戴好口罩，小董也把口罩分到其他人的手里……

这时，贺龙醒来，看着众人，用力喝道：“这帮畜生……”猛地想到了什么，忙对警卫员说道：“快去吕司令那看看。”

小董忙回答道：“已经去了。”

贺龙看着白求恩，举起右手，敬了一个标准的军礼……白求恩一怔，随即会意地笑道：“八路军必胜。”

64. 真武庙外　日　外

随着“轰”的一声，小庙仿佛剧烈地跳动了一下……

65. 真武庙内　日　内

外面传来一阵阵剧烈的爆炸声……（用动画效果表现）

一股热浪吹破了简陋的窗户纸，接着“哗啦”一声，一片尘土落在手术台旁，把一旁的煤油灯也扑灭了。顿时，庙里显得昏暗一片。

白求恩丝毫不动，借助头顶上昏暗的气灯光，边熟练地进行着手术，边关切地：“大家没事吧？”

众人纷纷答道：“没事儿……没事儿……”

小何把煤油灯点好，众人继续有条不紊地工作着……这时，又一发炮弹在小庙附近爆炸。随着一声巨响，小庙一角的泥块滚落，挂在门上的布帘子点燃了（布帘子上面画有抗敌剧社演出的图像），火苗向手术台扑来……

游胜华急忙命令道：“把帘子拽下来，快……”边说边上前进行灭火……

白求恩依旧镇定地手术着……这时，参谋长冲进来，催促道：“白大夫，这里太危险了……”又对游胜华道：“有一股鬼子朝这里打来了，医疗队要马上转移。”

白求恩头也不回地应道：“我同意撤走一部分伤员，我个人，不能接受这个命令。”

参谋长又急道：“白大夫……”

白求恩不再搭理他，继续专注地做着手术……

参谋长无奈地摇摇头，转身匆匆离去……

白求恩又对一边的护士道：“来，进行麻醉。”

林金亮上前，把早已疲惫不堪的女护士推到一边，迅速地对伤员进行麻醉……

这时，王道建闯进来，手里拿着一堆纱布，对白求恩急道：“麻醉药用完了。”

白求恩一怔：“确定吗？”

王道建几乎带着哭腔，道：“都用完了。”

林金亮忙道：“在黑寺，你不是做过两例无麻醉手术吗？”

白求恩看着等待手术的年轻伤员，说道：“可他是重伤员，没有麻药，能承受吗？”

年轻伤员显然听清了白求恩和林金亮的对话，用尽力气大声道：“白大夫，我信你。”

白求恩看着他，温柔地说道：“我亲爱的孩子，你要挺住，很快就过去的，你会好起来的。”

年轻伤员目光清澈，神情坚毅，用力点了点头。

白求恩微微点头，一刀向伤员的大腿切去……年轻伤员大叫一声，顿时昏厥过去……

66. 一组镜头　日　夜　黄昏

一个个伤员被抬进来，放到手术台上……

白求恩站在手术台前，动作飞快地进行着手术……

一个个手术完毕的伤员被抬了下去……

（画外音：从黎明到黑夜，白求恩大夫以惊人的毅力，连续手术 69 个小时，用他高超的医术，完成了115例手术，创造了敌后抗日战场战地救护的奇迹。）

67. 真武庙内 晨 内

斑驳的壁画显现出一道道晨光的光束，使古老的图像更呈现出一种幽美、神秘感。

白求恩静静地靠在手术台前，已然昏睡过去，他像个熟睡中的婴儿，嘴角挂着温馨的笑意……

林金亮、王道建等医护人员也或坐或躺地熟睡着。

手术台上，伤员露着两只眼睛，似乎想说些什么，却被绷带绑住了嘴巴，发不出声来。

猛然，空寂的外面传来一阵阵欢呼声："胜利了！胜利了！……"（回忆完）

68. 驻地 晚 内

白求恩神情变得越发激动起来，忍不住地一阵剧烈的咳嗽，又感到伤口处的阵阵疼痛肿胀……他用尽力气说道："……医学书籍和小闹钟给卫生学校……"

69. 庙宇屋门外 日 外（回忆）

这是一座寺庙里的西侧殿，殿顶上的琉璃虽然陈旧，但更彰显凝重，院落中古树苍劲，一派安寂、肃然。

小董领着聂荣臻和参谋长转过前面的屋角，快步走来……小董边走边喊道："白大夫，司令员看你来了……"聂荣臻摆摆手，示意小董轻声，不要惊扰了屋里的人。

三人放慢脚步，走到屋门前，聂荣臻侧耳听了一下屋里的动静，小心地推开屋门。

70. 庙宇屋内　日　外

屋内显然进行了改造，一侧用简陋的帐幔隔成大小两间屋，大屋正面的供桌上摆放着一摞书籍和其他生活用品，靠墙是一张床、一张方桌和三把椅子，整个房间显得空荡荡的。

小董环顾四下，说道："白大夫刚才还在呢……"

聂荣臻没应声，迈步朝小屋走过去……

小屋内，墙上满是巨幅的表现佛教图景的壁画：众佛腾云驾雾，向前行进，画面气韵生动……只见白求恩正心无旁骛地认真观摩，全然不知有人进屋。

聂荣臻沉了一下，用流利的英语招呼道："白大夫……"

白求恩这才回转身，看到众人，忙道："司令员……"又忍不住地指着壁画，边点着头边赞美道："这些美好的画面太神奇动人了……中国文明真是太伟大了……"

聂荣臻点头示意说："你说得很对，我们有悠久灿烂的历史。"白求恩又是连连点头，伸手示意进大屋……

众人回转身，走进大屋……白求恩示意聂荣臻坐在床上，道："司令员，坐……"

聂荣臻神情认真地说："我听说，你已经有 40 个小时没睡觉了……"

白求恩耸耸肩，微笑着打趣道："我有一副伐木工人的身体，没问题。"

聂荣臻假装生气地板起了脸，说道："你是我的部下，我命令你休息，在没有我的命令前，你必须睡觉。"

听完小董的翻译，白求恩皱皱眉头，一副不甘心的样子，说道："你是司令员，我服从命令。"紧接着又说道："我们坐下来谈话……"他和聂荣臻、参谋长分别落座，小董站在一旁。

聂荣臻看着白求恩憔悴、苍老的神情，嘴巴动了动，一时没说出话。

白求恩开口说道："聂，你怎么这样看着我？"

聂荣臻这才动情地说道：“你是我们的老大哥，你可要保重身体啊……不能再熬夜了……”

这时，小何快步走进来，他手里捧着罐头等物品，径直放到供桌上……边说道：“这是缴获鬼子的罐头、香烟、红糖……”又紧接道：“司令员还送一匹高头大马，可威风呢……”他边说边动作麻利地点燃一支烟，递到白求恩手里……

白求恩深深地吸了一口，微笑着打趣道：“我老了……老了……”紧接着话头一转，说道：“我的年龄已过半百，但我的精神赛青年……”他说着神情越发认真起来，接着说道：“我从毛主席那里学了一句话，没有调查研究就没有发言权，我们晋察冀去年作战1000多次，有2500多名战士受伤。可是，负责医疗工作的只有5名有本科学历的医生，50多名没有经过专业培训的土医生，还有我这个洋大夫……我们很多医务人员专业素质很差，常常发生药品误用误服，交叉感染的这些严重问题……还有，我们医院的组织管理更是没有规范……”

聂荣臻和参谋长神情认真地听着，频频点头。

白求恩神情变得坚毅起来，接着说道：“我承认，我们的医务人员在这样简陋的条件下工作，忠于职守，这让我很感动。但是，存在的问题必须得到解决，而解决这些问题的办法就在培训医护人员上，我们必须一边继续使用战地医疗队，一边尽快开办一所卫生学校。采用计划周密的课程，抓紧培养出一大批受过专业训练的医生和护士，对我来说，这就是检验来到中国的真正价值。”

参谋长紧接道：“我完全同意。”

白求恩一脸严肃地说道：“我郑重推荐，由延安的江一真同志担任这所学校的校长，我全力配合工作。”

白求恩神情专注地同聂荣臻、参谋长交谈着……

（画外音：1939年9月18日，晋察冀卫生学校在河北省唐县牛眼沟村举行了开学典礼，江一真担任校长。从此，一批批优秀的医生和护士从这所学校走出来，成为八路军和人民群众的白衣天使。新中国成立后，学校逐步发展成白求恩医科大学和白求恩医务士官学校，学校的实习医院发展成为白求恩国际和平医院，他们多次走出国门，造福人类社会。）（回忆完）

71. 驻地　晚　内

白求恩似乎坚持不下去了……疼痛使得他的面部有些变形，额头冒出汗珠……

小何上前，轻轻擦拭白求恩脸上的汗水。

白求恩开口说道："我要休息一下……"

72. 空镜　夜　外

一轮圆月悬挂在天际，皎洁的月光显得安寂、温馨……

73. 空镜　晨　外

朝阳升起在太行山山巅，东方天际一片璀璨耀目……

74. 村口　晨　外

（字幕：1939 年 11 月 11 日）

一队八路军战士疾步行进……走在队伍前边的龙连长精神抖擞。

迎面，十几位老乡手拎肩扛着物品走过来……走在前头的李大爷认出龙连长，招呼道："这不是龙连长吗？你们也去看白大夫吗？"

龙连长忙应道："李大爷，您是说白求恩大夫，他怎么了？"他的语气里透露着焦急。

李大爷神情有些难过地："说是白大夫中毒了，说是不行了，俺们也是一宿没睡，那可是咱们的大恩人啊！"

龙连长听闻，急道：“白大夫在哪儿？”

李大爷：“村西头邸俊星家里。”

龙连长不再搭话，转身大声道：“走……”带着队伍沿原路快步走去……

龙连长走在前边，健步如飞，身后的战士有的干脆小跑起来，紧紧跟随着。

战士甲冲到前边，开口道：“连长，你认识白大夫？”

龙连长没应答，只是“嗯”了一声，目视前方。昔日的那一幕幕情景顿时又呈现在眼前……

75. 山间小路　雪　晨　外（回忆）

（字幕：1938 年 11 月 16 日　山西省灵丘县）

大雪飘飘，山城、道路、村舍、林木笼罩在洁白无瑕的白色世界里。

潘世征大步走在前边，龙连长和几名医护人员、战士抬着昏迷的彭清云紧紧跟在后面……身后，留下一串串杂乱无章的脚印。

龙连长看看门板上紧闭双眼的彭清云，大声叫道：“教导员不行了……”

队伍在一棵大树下停下来。

潘世征停下脚步，转身上前，俯身伸手摸着彭清云的颈动脉血管，心急如焚地道：“旅长亲自打的电话，白大夫一定能来。”

这时，彭清云从昏迷中醒来，睁开眼睛看着众人，用尽力气说道：“……我牺牲了……把我的驳壳枪、马交给团长……”

战士甲哭着道：“白大夫还不来啊！”

龙连长接道：“70 多里路啊！”

话音刚落，只听寂静的山间传来一阵阵清脆的马蹄声，由弱变强，越来越近……

潘世征瞪大眼睛，望着前方，只见山脚拐弯处，皑皑白雪中一匹枣红色骏马率先冲出，马上坐着一脸征尘的白求恩，后面是王道建、小何、小董、女护士和两名警卫战士。

潘世征忍不住地高声喊道："白大夫、白大夫……"

片刻间，白求恩纵马冲到近前，他翻身下马，可能是体力不支，一下子摔倒了，王道建忙上前搀扶。白求恩踉跄着，几步冲上前，冲潘世征道："是密斯特彭，打中鬼子将军的密斯特彭？"

潘世征大声道："是的！"

白求恩几步冲到彭清云身边，俯身拿起彭清云受伤的右臂查看……只见那肿胀得黑紫发亮的伤口溃疡严重……白求恩大声命令道："快回村里。"

龙连长马上应道："前头有个堡垒户。"

潘世征大声道："快走。"

76. 村民家　晨　内

龙连长端着一盆热气腾腾的热水冲进来，大声道："开水来了。"

正在为彭清云检查伤情的白求恩抬起身，皱着眉头，道："彭很危险，要马上输血。"随即伸出左臂，道："抽我的血。"

小董忙道："你不能再抽了。"转对众人说："白大夫昨晚刚给战士输过血。"

潘世征、龙连长等人纷纷争道："抽我们的。"

白求恩坚定地："来不及验血了，我是O型血，万能输血者，赶快抽。"

龙连长依旧不干，争辩道："白大夫，你输我的血。"

白求恩顿时来了脾气，发火道："密斯特彭的胳膊是击中鬼子将军的胳膊，他为消灭法西斯流血，我献一点点血算什么？快！"说着，挽起了袖子，在彭清云身边躺下来，两人的手臂交叉。

女护士上前，动作熟练地把两人的皮肤消毒后，用一个特制的带有两个枕头和一个活门的类似大注射器的直接输血器开始输血操作……

女护士上前，把针头扎进白求恩的胳膊里抽血……随即，白求恩接过满是鲜血的针管，动作娴熟地把针头插进彭清云的血管里。

这时，王道建进来急道："白大夫，没有骨锯。"

白求恩果断地："快去借木匠锯，在土锅里煮沸消毒，再用酒精碘伏消毒。"

王道建点点头，转身匆匆离开。

龙连长上前，把一碗水递给白求恩，说："白大夫，您喝碗红糖水吧。"

白求恩点点头，用另一只手接过碗，大口喝下……

昏迷中的彭清云苍白的脸上渐渐恢复了血色……

（字幕：彭清云　1918—1995，共和国开国少将，时任八路军三五九旅七一九团营政治教导员。）（回忆完）

77. 村间小路　晨　外

龙连长两眼噙泪，内心激荡不已，他伸手抹了把热泪，加快脚步，带领战士径直向前……

78. 驻地院落　晨　外

数十名乡亲密集在院落里，大家默不作声，个个神色凝重。

屋门口、窗台边、磨盘上，堆满了小筐和小口袋，筐里满是鸡蛋、大枣、柿子等山里的土特产品。

小何推门走出来，人群里有人问道："白大夫好点儿了吗？"

小何看了看众人，神情难过地点了点头，又连连摇头。林金亮走出门，对众人说道："回吧，都回去吧……"

众乡亲依旧原地站立未动，静静地看着屋门，窗户，焦虑，难过，无奈，观望……

为首的年迈乡亲双手合十，嘴里念叨着什么……

这时，龙连长率战士走进院落……战士个个神情庄重，列成一排，对着屋门，齐刷刷敬礼……

龙连长和战士眼噙热泪，不少乡亲也是热泪盈眶……

79. 驻地屋里　晨　内

白求恩斜靠在炕上，小何正小心地给白求恩一勺一勺地喂着鸡汤。

林金亮、王道建、陈仕华、邸大娘等站在炕前……邸大娘心疼地："白大夫，再喝一口吧。"

白求恩努力地咽下，却不料忍不住地连连呕吐起来……他费劲地抬起左臂，只见胳膊已经变成紫黑色了……

林金亮和王道建、陈仕华对视一眼，开口道："白大夫，下决心截肢吧。"

白大夫看看三人，摇摇头，道："没有用了……"沉了一下，又道："你们已经成为优秀的外科医生了，我……为你们感到骄傲……"

听到白求恩这番话，屋里空气似乎都凝固了，每个人都被一种莫名的感觉压抑着……

白求恩又对小何说道："小鬼，扶我起来……"边说边挪动身体下炕……他的两脚落地，吃力地想站起来，却脚跟无力，根本站不住，身体摇晃着要跌倒……小何和林金亮忙左右扶稳……白求恩无奈地跌坐在炕沿……

林金亮沿含热泪，说道："白大夫……"

白求恩看着众人，又静静地看着窗外，吃力地喃喃说道："我想看看外面……我想工作……战斗……"

80. 驻地　晨　外（回忆）

白求恩推开屋门走出来，他伸了一个懒腰，大口呼吸着新鲜的空气……又走到厢房窗户前，所见房内悄无声息，突然计上心来，学着公鸡的声音鸣叫了几声。

屋里传出小董熟悉的声音："谁呀？"

白求恩不由得哈哈大笑，应道："我是晋察冀的老战士，又聋又哑的老公鸡……起来吧，孩子，今天太阳很灿烂。"

小何端着一盘“土面包”过来，道：“白大夫，你快尝尝。”

白求恩拿了一块送进嘴里吃着。

小何：“香不？”

白求恩品味着，频频点头，道：“味道很特别，是怎么制作的？”

这时，小董也走出屋，大步走过来，见状，抢先用英语回答道：“是小王发明的，先把玉米面饼子切成片，浇上油，拿火烤，再抹上土蜂蜜。”

白求恩边点头，边道：“好，好。”话锋一转，又道：“你们的好意我心领了，我来中国就准备吃苦的，你们吃什么，我都能吃的，请以后不要再做了，我就吃中国的面包。”对小董道：“董，中国的面包叫什么？”

小董笑着说：“窝窝头。”

白求恩认真地重复道：“窝窝头。”

小董又道：“每月给您的津贴费是100元，您怎么不要啊？”

白求恩看着二人，真诚地：“我知道，毛主席、聂司令每个月津贴只有5元，八路军战士1元，我怎么能要100元？我要吃得好，穿得好，就留在加拿大了……”沉了一下，接着说道：“什么咖啡、嫩烤牛肉、冰激凌、松绵的钢丝床，这些东西我早就有了，为了实现我的理想都放弃了，现在需要照顾的是伤员，不是我。我需要的是工作、战斗、创造。”

81. 后方医院　院落　日　外

白求恩在一个中年木匠的帮助下，正在检验刚刚做好的“药驮子”，一旁，摆放着农家用的粪驮子。

四下里，林金亮、陈医生、小董、小何、护士等围着看。

只见白求恩分别拉开“药驮子”的两个抽屉（一边各有三个小抽屉）抽屉内分有小格，里边摆放着手术器械、药品和耗材。

众人看着，不由纷纷点头，称赞。

白求恩又打开“药驮子”的顶部——这是一个没有盖的箱子，里边存放着各类夹板……他边演示给众人看，边说道："它放在骡子背上，携带的药品、器材和耗材可以满足一百台手术和五百次包扎的应用。最重要的，它半个小时就可以展开，十五分钟就可以收好，非常适用于我们的前线抢救工作。"

林金亮开心地道："我马上告诉司令员，你的这个发明解决了大问题。"

白求恩看着林金亮，连连摇头，道："不，不，这不是我的发明，我是从老乡那里'偷'来的。"

林金亮不解地："偷来的？"

白求恩微笑着点点头，指着地上的粪驮子又道："是这个粪驮子启发了我。"又一指身旁的中年木匠，边说："还有他，我的老师。"

众人纷纷点头致意，小董道："白大夫，这药驮子叫什么名字呀？"

小何抢先道："叫抗战药驮子。"

王道建紧接道："我看叫友谊药驮子好。"

白求恩似乎在想着什么，突然有了主意，说道："你们看，它像不像一座桥啊。"

众人仔细看着……

小何道："真有点像桥。"

白求恩肯定地："我看就叫它'卢沟桥'吧，纪念中国的抗战……"

这时，陈仕华脚步匆匆地赶来，边喊道："有情况。"

白求恩腾地一下站起身，一抹嘴，道："有战斗吗？"

陈仕华冲到近前，气喘吁吁地急道："民兵队队长执行任务，踩到鬼子地雷了，股动脉大出血。"

82. 后方医院手术室内　日　内

民兵队队长躺在手术台上，鲜血不断地从伤口溢出，已是奄奄一息，昏迷状态。

白求恩边快速地为他初步止血，边果断地命令道："准备输血。"护士上前，在伤员耳垂处取了一滴血，进行检查……

83. 后方医院手术室外 日 外

十几位乡亲围拢上来，个个神情焦急，议论纷纷。

乡亲甲惊讶地："啥叫输血呀？"

乡亲乙解释道："把你的血输到二柱子的血里头。"

乡亲甲连连摇头，又惊又怕地："那可不中，俺瞅过杀猪的，把血放了，猪不就死了嘛。"

众人你一言，我一语，个个伸着脖子探听着屋里的情况……

84. 手术室内 日 内

护士拿着检查结果，对众人道："B 型血。"

几个已经挽起袖子的医护人员失望地放下胳膊……

林金亮开口道："输我的吧。"

白求恩看着他，连连摇头，道："你昨天刚刚输过血，不能连续输了。"
护士快步走到门口，对门外众人大声道："你们谁来献血？"

85. 手术室外 日 外

众乡亲胆怯，恐惧地连连摇头，有的不由自主地后退了一步，个个默不作声。

护士急道："难道你们都害怕吗？不肯献出几百毫升的血来救伤员的生命吗？"

86. 手术室内 日 内

白求恩撸起胳膊，分开众人，径直来到另一张手术台前，边说道："不要耽误时间了，输我的吧。"

林金亮忙阻止道：“你不能再输血了，你年纪大，身体弱……”

不等林金亮把话说完，白求恩发火了，打断他的话，严厉地：“战士可以献出生命，我们献点血还不应该吗？这是命令。”

林金亮无奈，只得向护士示意进行输血工作……

门前，窗口，众乡亲围拢起来，个个瞪大眼睛看着屋里的情形……

护士动作麻利地上前，用碘酒棉球擦拭白求恩的肘部……白求恩看着围观的众乡亲，大声说道：“我要做给你们看，这事多么容易……”说完，从护士手里拿过针头，准确地扎进静脉里……一边说道：“这根针很尖，可中间是空的，血就从这根针流进橡皮管……”

众乡亲个个吃惊地看着，有的张大了嘴巴，但少了刚才的那种恐惧感……一时间，屋里静静的……

87. 手术室外　日　外

白求恩走出屋门，看着众乡亲，说道：“你们看，我和刚才一样。”众乡亲不由自主地拍起了巴掌……乡亲甲上前一步，大声道：“白大夫，俺们明白了，输血救命，是积德行善，往后，俺头一个输血。”众人你一言，我一语地：“俺也输血……”

“俺也输……”

白求恩看着众人，听着这些真挚的话语，欣慰地连连点头，说道：“我佩服中国人民的觉悟，毛主席说发动群众，依靠群众，什么困难都是可以战胜的，我懂了。血液保存在血管里，这是人民血液银行……”（回忆完）

88. 驻地　日　内

屋里静悄悄的。

众人围站在炕前……白求恩吃力地口述着遗嘱……

“……每年要买250磅奎宁和300磅铁剂，用来治疗疟疾患者和贫血病患者。千万不要再到保定、平津一带去购买药品。那里的价钱要比沪、港贵两倍……”

89. 宋家庄教堂　日　外（回忆）

这是太行山间一所圣公会教堂，高墙环绕院落，规模不大，但整洁、肃穆，彰显出一份安寂和神圣感。

（白求恩视角）霍尔领着七八名老百姓从教堂里走出来。显然是刚刚做完晨祷，她看到白求恩，微笑着点头示意，说道：“欢迎你……”又转对向外走出的众百姓，用熟练的山村话说道：“再来……”目送着众百姓走出院落。

白求恩看到这一切，有些生气地耸耸肩，忍不住地脱口说道：“这是什么时候？一百里外就是鬼子，你还领着老百姓做祷告，简直是麻醉……”

霍尔一怔，她显然没有想到白求恩会说出这样的话。沉了一下，心平气和地说道：“世上需要拯救的灵魂太多了，不在上帝面前忏悔自己的罪恶，这些不洁的灵魂，怎么能进入天国呢？”

白求恩接道：“现在，到天国之门的路上，有邪恶的东西在阻挡……”

霍尔明白了白求恩话里的意思，她嘴巴动了动，随即说道：“我们坐下来谈吧。”

俩人坐在院落中的木椅上……白求恩又忍不住地接着说道：“现在，日本鬼子在疯狂地杀戮，无辜的老百姓生活在苦难里……生前没有人救他们，死后又怎么能进天国呢？”他顿了一下，又坚定地继续说道：“我们首先要把活着的人救出来，宗教是不能起到这样的作用的，只有消灭掉法西斯，才能拯救人类。”

霍尔边听边不停地点着头，缓缓地说道：“你知道我是基督徒，一个和平主义者，作为圣公会成员，我把我的生命献给上帝，我不能介入战争中的任何一方，否则，将被圣公会开除……”

白求恩也点点头，想了一下，随即继续侃侃谈道：“我也不想介入战争，我是在救助那些无依无靠的伤病员……你知道，我的工作药品很稀缺……”霍尔深有感触地连连点着头。

白求恩诚恳地：“我知道，你有英国护照，有日本人发的通行证，你能够顺利进入北平，你能不能带我去北平，买一些急需的药品。”

霍尔沉吟着没有说话，似乎在考虑着什么。

白求恩继续说道：“八路军伤病员会很感谢你的，这也是拯救人类的最好的办法。”

霍尔这才轻轻地说了一句：“我需要认真考虑一下。”

90. 驻地院落　日　外

聂荣臻和小董大步走进院门……小董边走边说道：“白大夫一直嚷嚷，要跟那个何明清去北平买药。”

聂荣臻道：“我们不能强行阻止他去北平，要采取迂回战术。”

小董连连点头，转对屋里大声道：“白大夫，司令员来了。”

随着急促的脚步声，白求恩和霍尔兴冲冲地走出屋门，只见白求恩身穿一件黑色衣袍，脖子上挂着十字架，手里拿着一本圣经，一副牧师的装扮，霍尔更是一副牧师的装束。

看着白求恩这身奇怪的装束，聂荣臻怔怔地问道：“白大夫……”

白求恩得意地接过话头，说道：“我扮成圣公会的牧师，就能躲过鬼子的搜查，我们两个就能够安全到达北平。”

聂荣臻认真地听着，点头示意。

霍尔继续道：“司令员，我要说的是，日本强盗的侵略是极其野蛮的，是违反人类文明的，这也是上帝所不允许的，我要用我的力量帮助你们八路军。”她的中文很生硬，但显示着满腔的热忱。

白求恩又认真地：“有一句谚语，每当一个灵魂得救，天上就欢腾鼓舞，我们八路军加入了一个新兵——霍尔小姐，还不令人高兴吗？”

聂荣臻微笑地："白大夫，去买药的事先缓一缓。三天后，边区要召开一次党代会，会上商讨新的对敌战略，特别邀请你参加。"

听到这些，白求恩的神情变得认真起来……

聂荣臻继续道："你是咱边区的医疗顾问，你一定要参加。另外，马上就要过年了，年后立即组织'医疗东征'行动，这些工作都要以你为中心。"

听完霍尔的翻译，白求恩似乎一下子忘了"去北平"的话题，得意地说道："保证完成任务。"

一旁，霍尔面露微笑，似乎有些无奈地耸了耸肩。

（字幕：凯瑟琳·霍尔，中文名何明清，1897—1970，新西兰友人。1923年来到中国，以医疗技能帮助当地农民，抗战期间，不顾个人安危，积极帮助八路军采购药品，做出了重要贡献。1970年病逝，其骨灰撒在她工作、战斗过的太行山区。）

91. 村庄街道　晚　外

（字幕：1939年1月30日，河北省平山县蛟潭庄）

这里正在举行传统的"照虚耗"仪式，四下里，灯光闪映，欢声笑语。街道旁，一堵残墙上，鲜红大字写着标语："除了战斗。别无出路。"

看着"照虚耗"的队伍喊叫着跑过来，一边观看的小董告诉白求恩说："这叫'照虚耗'，大年三十的一个民俗仪式。"

白求恩用生硬的中文重复道："照虚耗……"

小董继续介绍说："虚耗就是给人招来祸害的恶鬼，害人的东西。用光亮照跑它们，保佑一年平平安安。"

白求恩听明白了，连连点头，大声道："日本鬼子就是这些虚耗，我们要打跑他们。"

92. 村民家里　晚　内

桌上摆放着四盆炒菜，小董给白求恩面前的酒杯斟满酒……白求恩端起酒杯，一口气喝下去，回味着说道："这酒太香了。"

小董介绍说："这个酒叫刘伶醉，刘伶是个人，是中国酿酒的祖先，传说他酿的酒喝上一杯，醉倒三年……"

白求恩感慨道："真的吗？这太有趣了。"看着端上的菜，又说道："太丰盛了。"

林金亮说道："今天是过年，中国人最重要的节日。"

听完小董的翻译，白求恩感叹地说道："过年，节日……坦率地说，我突然想家了，我想念蒙特利尔和多伦多……"

看着白求恩有些伤感的神情，林金亮一时也不知道如何安慰他。

白求恩似乎在遥想着什么，又似乎自语着："我真的有些想念跳舞、看画展、喝啤酒，躺在那铺着白床单软乎乎的床上，还有相爱的姑娘……"

几个人静静地看着饱含深情的白求恩，一时无语。

白求恩似从冥想中回到现实来，对众人说道："但是，如果我再次获得了这些东西，也不会带给我惊喜。"他的眼神又恢复了平素的那种坚毅之色，接着说道："我现在很满足，我一切都有了，火炉子、木柴、马鞍子、皮帽子、山药蛋，和你们一起生活、工作，你们把我当作一个国王般的同志，给予我无微不至的关怀和礼遇，我感到了从未有过的愉快，感到莫大的幸福……"

这时，房东端上一大盆冒着热气的饺子，道："吃饺子啦。"

白求恩伸手用筷子熟练地夹起一个饺子塞进嘴里，边大口咀嚼着，边道："我又吃到美味的饺子了。"

房东又端上一大盆鸡汤，说道："叫白大夫多喝两碗老母鸡汤，补补身子。"

听完小董的翻译，白求恩一个劲儿地摇着头，说道："我知道，一个下蛋的母鸡对农民家的生活意味着什么，我不能接受。"

林金亮一旁忙解释道："聂司令拿出自己半个月的伙食费，交给房东了，算是补偿，你可是多喝两碗啊。"

白求恩连连摇头，猛地想到了什么，端起鸡汤盆，站起身，迈开大步走出去……

众人不明白他的用意，忙起身跟上……

93. 村民家院落　晚　外

白求恩大步流星地穿过院落，朝后面的一间房屋走去……

94. 村民家　临时病房内　晚　内

这是临时改造的一间简易病房，六名伤病员见白求恩进来，纷纷叫道："白大夫……"

白求恩径直来到一名年轻伤员床前，开口道："孩子，来喝鸡汤。"年轻伤员忙道："我们吃饺子了。"

另一名年长伤员接着说道："白大夫，你喝吧，你身体好了，好给我们治病。"白求恩连连摇头，执拗地："我是健康人，不需要。"

年轻伤员从一旁拿起一个盛满了大枣的笸箩，递给白求恩……

另一位年长伤员说道："小王专门给你留的……"

白求恩有些不高兴地："哪有病人给医生送吃的，我不吃，你要吃。"

年轻伤员感激地看着白求恩，说道："白大夫，谢谢你救了我的命。"他的眼泪夺眶而出……

白求恩俯下身体，伸手为年轻伤员擦着泪水，微笑着说道："亲爱的同志，不要这样，我们都是为了一个共同的目标在战斗，我治好你的伤，你就可以重返前线，多消灭几个鬼子，为人类除害。"

年轻伤员连连点头，动情地："白大夫……"白求恩不等他把话说完，把一勺鸡汤送到了他的嘴里，得意地用中文说道："喝汤。"（回忆完）

95. 驻地　晚　内

白求恩用力述说着遗嘱……

小董快速记录着……

……屋里静静的……

"……最近两年，是我平生最愉快、最有意义的日子，……"

96. 晋察冀军区一分区司令部　晚　内（回忆）

（字幕：1939 年 10 月 26 日，晋察冀军区一分区司令部）

（白求恩主观视点）一张八仙桌上摊放着大幅军用地图，杨成武、张杰和三名参谋人员围看着，指点讨论着……

油灯闪着昏暗的光亮，照在屋里四下，更显出一种凝重、压抑感。

看到白求恩走进屋里，杨成武吃惊地："白大夫……你怎么来了？你不是要回加拿大吗？"边说边快步上前，迎上两步，立正敬礼。

白求恩大声道："我要参加完反扫荡再启程回国，把这次战斗成果告诉加拿大，这对募捐更有力。"

杨成武连连点头，应道：好啊，有你在前线，战士打胜仗的信心更足了……

白求恩边点头边干脆地："我要东西来了。"

杨成武爽快地："要什么？说吧。"

白求恩："500 副夹板，1000 条绷带，还有担架、拐杖，明天中午 12 点前准备好。"他边说边比画着手势，神情不容置疑。

杨成武转对张杰说："怎么样？"

张杰同样认真地："保证办到。"

（字幕：晋察冀军区一分区卫生部部长　张杰）

杨成武又对白求恩道："12 点前保证送到医院。"

白求恩高兴地："好极了。让我把伤员的感谢转赠给你，我亲爱的杨……"

说着，他庄重地向杨成武致以西班牙式敬礼……

97. 山前小庙　日　外

（字幕：河北省涞源县孙家庄）

小庙内，白求恩正带领医护人员紧张地进行着手术……

庙门外，一字排列着十多副担架，上面躺着八路军受伤官兵。

不远处，不时传来枪炮声和轰炸声……

（画外音：1939 年 10 月 28 日，麻田岭战斗打响……）

98. 山坡　日　外

山坡高处，灌木丛间，一阵阵爆炸连续不断……浓烟中，只见数十名鬼子从地上爬起来，端着枪，吼叫着朝山下冲锋，头顶上的钢盔在阳光照耀下闪着光芒……

99. 山路　日　外

另一侧山间小路，一名八路军小战士快步奔跑过来……一颗颗流弹在他头顶划过，他不为所动，拼命向前跑着……

100. 山前小庙　日　外

小战士冲到小庙门前，气喘吁吁地喊道：“鬼子从北边山上包抄过来了……命令马上转移……”

白求恩迅速完成手里的工作，转身冲到门口，向山坡高处观察……

101. 山坡　日　外

顺着白求恩的视线，只见远处的山坡上，几名鬼子正向下冲锋……一名鬼子中弹倒地，其余鬼子依旧疯狂地冲锋着……

102. 山前小庙　日　外

白求恩收回视线，对一旁的陈仕华说道："加快速度，用最短时间完成这两例重伤员手术再转移。"边说边带领众人继续紧张工作着……

这时，两发炮弹落到小庙周围，巨大的爆炸气浪震得庙内尘土飞扬……

又一名小战士冲过来，高声叫道："营长命令你们马上转移……"

陈仕华正要开口劝说，白求恩打断他的话，说道："鬼子的炮弹落在这，他的步兵离这还远……等炮弹延伸超过这里，我们再走，来得及……"

看着白求恩冷静、坚毅的神情，众人镇静有序地重新投入工作中……

几乎同时，又一发炮弹落在小庙周边，爆炸的硝烟夹杂着尘土、石块和弹片飞扬着落在四周……

正在实施手术的年轻伤员忍受着痛苦，开口道："白大夫，不用管我，你快走吧。"

白求恩神情镇定，用温和的语气说道："不，我的孩子，只要一会儿工夫，再耽误，你的腿就保不住了。"

年轻伤员眼含热泪，哀求道："我不怕……给我颗手榴弹，拼了……"

白求恩迅速地解开他腿上的绷带，边说道："不，谁也没有权利留下你……"他用左手伸进伤口，掏取伤部的碎骨……

这时，又是两声巨响，小庙似乎都被震得摇晃起来……

白求恩下意识地嚷道："糟糕。"他把左手从伤口里拿出来，只见左手中指已经渗出鲜血……他随即镇定地说道："消毒液。"

女护士忙上前递上消毒液……白求恩把伤指伸进去浸了浸……对众人说道："没事儿，碎骨伤了手指，继续手术……"

103. 山沟里　日　外

山沟上方的小山村，四下里子弹横飞，爆炸四起，浓烟滚滚……

医疗队正在快速有序地转移……小何牵着战马走在前面，白求恩跟在担架前，他神色镇定，谈笑风生，不时地伸出受伤的左手中指……

104. 山前小庙　日　外

十几名鬼子吼叫着，疯狂地冲到小庙前，杀气腾腾……

小庙内空无一人，地上四处可见带血的废纱布、废棉球和冒着热气的消毒水……

（画外音：十几分钟后，鬼子冲进小庙，一无所获……）

105. 山路　日　外

（字幕：1939 年 11 月 1 日，河北省易县甘河净村）

蜿蜒陡峭的山路上，医疗队缓缓行进……白求恩走在队伍前头，他拄着一根木棍，脸色有些苍白，透着疲惫的神色。眯着眼睛，似乎在想念什么美好的事物，露出了那熟识的孩子般的微笑……

一旁，小董放声唱起了《在太行山上》……

红日照遍了东方

自由之神在纵情歌唱

看吧

千山万壑，铁壁铜墙

抗日的烽火，燃烧在太行山上

……

白求恩也忍不住地低声哼唱起来……突然，他体内感到一阵难过，浑身不由自主地颤抖了几下，一个踉跄，几乎跌倒在地上……小何赶快扶住了他……

小董看着白求恩苍白的脸，担心地道：“白大夫，你的脸色怎么这么难看……”

队伍后面，林金亮急赶几步上前，看着白求恩……只见白求恩用手摸摸额头，又轻轻摇摇头，说道：“没关系，有些发烧……”

林金亮建议道：“还是上担架吧。”

白求恩又是连连摇头，固执地：“我是战士，不是古董，别把我当成花瓶。”

看着白求恩倔强的反应，林金亮一时也不知如何劝解……

正在这时，一队转移中的八路军队伍快步经过，队伍里行进着一副躺着伤病员的担架……

担架前的刘营长一眼看到林金亮，急道：“林院长，你快来瞅瞅，好像不行了……”他边说边盯着担架上的战士……

不等林金亮回答，白求恩几步抢上前，分开众人，探下身，伸手摸着小战士的脸……

刘营长解释道：“他脖子上长了个大疮，化脓了……”

看着小战士昏迷不醒的状态，白求恩果断地：“要抓紧手术……”

白求恩话音刚落，不远处传来一阵密集的枪炮声……

林金亮忙道：“鬼子追得很凶，咱们还是先赶到后方医院吧。”

白求恩连连摇头，以一种不容置疑的口气说道：“他的情况很危险，不抓紧手术，会危及生命。”

陈仕华接道：“咱们这里手套都用完了。”

白求恩似乎根本没听到这句话，朝前走了两步，看着前方的一块巨石，回头命令道：“就在那里手术，快！”边说边朝巨石走过去……

林金亮随即命令道：“准备手术。”

众人依次跟着白求恩的脚步走去……

（画外音：在为这名颈部丹毒合并蜂窝织炎的战士手术时，白求恩受伤的左手中指受到了致命的感染……）（回忆完）

106. 驻地　日　内

白求恩述说着最后的遗嘱……

“……让我把千百倍的谢忱送给你和亲爱的同志们……”白求恩欠起身体，大口呼吸着，他似乎在用尽身体内最后的能量……

林金亮等人围站在炕前，眼含热泪，一时不知说什么好。

白求恩又伸手示意……小董忙把笔送到白求恩手里，他用力在遗书落款处写道：诺尔曼·白求恩……1939.11.11……5.20……

白求恩已然拼尽了体内最后一点力量，忍受着巨大的病痛折磨……他看着众人说道：“让我躺一会儿……躺一会儿……”

小何忙伸手扶着白求恩慢慢躺下……

107. 空镜　黄昏　夜　外

夕阳衔着山峦，缓缓坠落……

一轮圆月高悬天际，皎洁的月光静静地映射着漆黑的天幕……

108. 驻地　夜　内

屋里点燃起蜡烛，烛光映在人脸上。一闪一闪的，墙上更映出一个巨大的身影……

炕上摆放着白求恩的遗物——日本指挥刀、中国大砍刀、日记本、书信和各类文件稿……

众人围在炕前，每个人脸颊上都挂着泪花，难过不已……

小何扶着白求恩后背……白求恩看着众人，断断续续地说道：“……请把这些文稿……寄给……美国共产党……报告他们……我在这里……工作的情况……”

林金亮等人流淌着热泪，用力点头……

白求恩继续说道：“……请转告毛主席，感谢他和中国共产党给我的帮助……我不能亲眼看到中国人民的解放了……”他大口喘着粗气，片刻，又道：“……多么想继续……和你们……一起工作啊……你们还很年轻……”

小董、小何、女护士等再也抑制不住了，失声痛哭起来……

白求恩苍白的脸上浮现出一丝微笑，像孩子般的纯真的微笑，他闭了一下眼睛，又睁开，用尽全身力气，最后说道：“……不要难过……你们努力吧……向着伟大的道路……开辟……前面的事业……”

桌上，烛光闪闪跳动着，一滴滴烛泪缓缓滚落下来……

109. 空镜　夜　外

黑夜下静静伫立的房屋，窗口隐隐映现着光亮……

月光静静地洒射下来，显得那样静谧、圣洁……

（字幕：1939年11月12日凌晨5时20分，伟大的国际主义战士诺尔曼·白求恩在河北省唐县黄石口村逝世，享年49岁。）

110. 晋察冀军区司令部内　晨　外

一缕晨光透过窗户射进屋里，愈显安寂、沉静。

随着一阵急促的电话铃声，聂荣臻抓起电话，声音略显沙哑地说道：“我是聂荣臻……”片刻，他放下电话，身体似定格般地不动了……

桌前，正在抓紧抄写文件的参谋长问道：“司令员，怎么了？”

少顷，聂荣臻回转身，看着参谋长，没有应答，只见一串串热泪顺着消瘦的脸颊流淌下来……

111. 一组镜头

军城镇白求恩陵墓等相关历史影像图片组合。

（画外音：白求恩在生前写给友人的信里这样说道：“你需要一个祭

坛来祭献自己——给永存的上帝一份美好而炽烈的祭品——你需要耗尽生命——然后像一只凤凰，从欢愉的毁灭中获得重生——以干净、纯洁和自由的新面目展翅飞翔……”我读懂了白求恩，他正是在中国找到了属于他的祭坛，毫无保留地奉献了自己……）

112. 延安　窑洞内　晨　内

这是一间简洁、朴素、宽敞的窑洞，一缕晨光透过窗户射进来，整个空间洋溢着勃勃朝气。

毛泽东手持蘸满墨汁的毛笔，端立桌前，神色凝重，似乎在沉思……

桌上的草纸上，已落成洋洋洒洒的文字《纪念白求恩》：“白求恩同志是加拿大共产党员……这是什么精神？”

毛泽东似乎心有所动，挥毫写作：“这是国际主义精神，这是共产主义精神……”

113. 延安保育院操场　日　内

数百名保育生正襟危坐，在保育员的带领下高声诵读《纪念白求恩》一文，孩子们神情庄重，不少稚嫩的小脸颊上淌着泪水……

“……白求恩同志毫不利己专门利人的精神，表现在他对工作的极端的负责任，对同志对人民极端的热忱……”

114. 太行山巅　日　外

这是巍巍太行山上的一处平缓地段，阳光直射下来，壮美灿烂……

数百名白求恩卫生学校的学生排列整齐，迎着阳光，高声诵读：“……白求恩同志是个医生，他以医疗为职业，对技术精益求精……”

115. 一组镜头

巍巍太行山，滔滔黄河水，瑰丽壮观，气象万千……

整个空间回荡着雷鸣般的朗读声：“……一个人能力有大小，但只要有这种精神，就是一个高尚的人，一个纯粹的人，一个有道德的人，一个脱离了低级趣味的人，一个有益于人民的人。”

歌曲《红河谷》（中文版）悠扬唱起……

人们说，你就要离开村庄
我们将怀念你的微笑
你的眼睛比太阳更明亮
照耀在我们的心上
走过来坐在我的身旁
不要离别得这样匆忙
……

第二部分　追忆白求恩

引言：

作为中国人民最熟知的外国友人之一，白求恩有着无可比拟的社会影响力，他的英雄壮举和不朽的精神始终影响和感动着中国人。

在创作电影剧本《白求恩遗书》过程中，我逐渐触碰和破解了发生在白求恩身上的一个个“谜团”，我想，这也是更多人感兴趣的历史真相。

在此，特别选取八个相关的话题，组成文章，以飨读者。

白求恩为什么不远万里来到中国

“不远万里，来到中国。”看到和听到这句话，人们自然而然地联想到一个耳熟能详的名字——诺尔曼·白求恩。但是，白求恩为什么来到烽火硝烟下的中国？他的真实动因究竟是什么？对于这些疑问，很多人莫衷一是。

这里，让我们循着历史的轨迹，进行一次跨越时空的探访，寻找其中的真实答案。

战争笼罩的时局

1936 年 7 月 17 日，西班牙内战爆发，作为一名共产主义战士的白求恩，积极响应共产国际的号召，毅然辞去在加拿大优渥的工作，带着自己的医疗器械，前往西班牙，支援反法西斯战争。在严酷的战场上，白求恩充分施展他的医学才能，他冒着枪林弹雨，建立起世界上第一个流动输血站，用创新的输血技术挽救伤员的生命。但是，由于各种复杂原因的叠加，白求恩被怀疑成“间谍”，被要求离开西班牙回国。结束了在西班牙 8 个月的战斗生活，铩羽而归的白求恩陷入了一生中最为困顿的时光，他失去了工作，内心极其苦闷，生活得混混沌沌，而就在这时，他遇到了来自中国的教育家陶行知。在陶行知的讲述中，白求恩了解到日本对中国的种种侵略行径，加深了对日本军国主义的痛恨，在他的心中也萌发了前往中国、帮助中国的想法。

“卢沟桥事变”爆发，日本侵略者全面进攻中国。得知这一消息，白求恩异常愤慨，他生命的激情被重新点燃。在一次演讲时，白求恩说道：“章鱼状的垄断帝国主义已四处伸出触手，日本侵略中国就是一例……那里（指中国）也是西班牙啊！更大范围的西班牙！人类在走向世界大战的道路上，又迈出了一大步……”同年 10 月，白求恩以加拿大共产党员的身份，前往美国援华委员会及和平民主同盟，表示愿赴中国，支援中国人民的抗日战争。白求恩认为，比起西班牙来，中国更贫穷落后，也更需要他的帮助，他要把在西班牙战场取得的经验拿到中国，相信能够发挥更大的效力。很快，白求恩的请求获得批准，他作为加美援华医疗队的成员前往中国。这里，我们看到，白求恩来到中国绝非偶然。首先是他参加西班牙内战的经历，深刻体验了战争带给人类的苦难。其次是日本法西斯发动战争，世界格局发生变化的影响。那么，在白求恩的信仰追求和性格特征方面，又有什么他必然远行中国的因素呢？

共产主义的信仰

白求恩在45岁时加入了加拿大共产党，作为一名忠诚、高尚的马克思主义者，白求恩拥有坚定的人生信仰，追求实现共产主义的崇高理想，在加入共产党组织后，他始终脚踏实地地完成着一个个具体的革命任务，逐渐成为一名名副其实的共产主义者。

当法西斯发动罪恶战争，成为人类社会进步发展的最危险的敌人时，白求恩必然地选择站在反对战争的正义立场，身体力行地投入抗击法西斯战争的队伍中，以避免人类社会走向逆行，无数生灵遭遇涂炭。而日本军国主义侵略中国是法西斯战争的延续，是人类走向世界大战的危险一步，因此，白求恩要到一个最需要他的地方——中国去。正如毛主席在《纪念白求恩》中所言："一个外国人，毫无利己的动机，把中国人民的解放事业当作他自己的事业，这是什么精神？这是国际主义精神，这是共产主义精神。"

国际主义的视野

第二次世界大战爆发前后，正是共产主义在全世界积极发展、壮大的时期，成立于1919年3月的第三国际，由来自21个国家的35个政党和团体参加，第三国际规定的发展任务，是团结工人阶级和劳动群众，推翻资产阶级和帝国主义的统治，共同努力奋斗，实现社会主义和共产主义，要达到这一宏伟目标，世界各国无产阶级需要相互支援合作。白求恩从西班牙战斗前线刚刚回到加拿大，中国抗日战争爆发，作为共产国际一个支部的中国共产党，曾要求美国和加拿大共产党来支援中国的正义战争，这样，白求恩来到中国既是党组织的派遣，同时，也是胸怀国际主义视野的白求恩的自觉选择。他认为西班牙已经得到了广泛的援助，而援助中国的第一步还没有迈出去，因此，他决定不再返回西班牙，而责无旁贷地远渡重洋，来到遥远的中国，把自己的全部身心奉献给中国的抗战事业。

真情率性的品行

作为一位著名的国际胸外科医学专家，白求恩拥有高超的医疗技术，同时，具备昂扬的生命活力和优秀的个人能力，他忠诚勇敢，性情率真，多才多艺，雷厉风行，待人坦诚，语言流利，恪守正义事业，同情底层人民，哪里有危险艰苦，他就到哪里去。这种品德行为不是天赋的，而是在从事社会活动的条件下逐渐形成、变化和发展起来的，它贯穿着白求恩的人生始终。

西班牙爆发内战后，白求恩坚决支持正义的左翼共和政府，义无反顾地奔赴战斗前线，在残酷的战场上，他丝毫不顾危险，把不能拯救一个战士的生命看作对自己最大的折磨和痛苦。在返回加拿大后，他越发密切关注动荡不安的国际形势，尤其是蠢蠢欲动的法西斯阵营，当“卢沟桥事变”爆发，他把目光投向大洋彼岸的中国。在阅读了埃德加·斯诺的《红星照耀中国》和史沫特莱撰写的《中国红军在前进》，特别是和中国教育家陶行知交流后，他逐渐了解中国的国情，以及如火如荼的抗战形势。他看到深陷苦难的中国比西班牙更贫穷，也更需要外界的帮助，以他真诚勇敢、奔放豪爽的性情，自然而然地中止了西班牙行程，前往更遥远、更艰苦的中国，他要用实际行动援助中国的抗日事业，打击邪恶的法西斯势力。

综上所述，作为一名加拿大共产党员的白求恩，他忠于信仰，热爱和平，反对战争，具有国际主义视野，面对日本法西斯战争暴行，他很快行动起来，积极募集援华款项，购买医疗器械，率领加拿大共产党和美国共产党联合派遣的援华医疗队，远渡重洋到达中国，用实际行动践行了伟大的国际主义精神，完成了他短暂、辉煌的人生历程。

白求恩初到中国历险记

1938年1月8日，加美援华医疗队从加拿大温哥华启程，乘坐“亚洲女皇号”邮船前往中国。医疗队中，除了白求恩和护士琼·尤恩，还有作为队长身份的美籍医生帕尔森斯。

旅途中，邮船停靠日本横滨港，弥漫着狂热战争氛围的日本，令白求恩切身感受到了军国主义的冷酷和疯狂，他恨不得马上赶到中国。

1月27日，邮船到达香港，在这之前，中国共产党派联络员找到寄居香港的宋庆龄女士，希望她帮助医疗队前往中共领导的抗日游击区，以完成援华使命。宋庆龄亲自与国民党方面及港英当局力争，对方终于同意援华医疗队前往武汉八路军办事处。

2月7日，白求恩一行到达中国战时首都武汉，见到了中共中央南方局负责人周恩来、博古和八路军卫生部部长姜齐贤等人。周恩来详细介绍了抗战形势和我党的政策，特别是八路军缺医少药的实情。白求恩当即表示，医疗队马上动身去抗战最前线。周恩来告诉大家，日军正在疯狂向南推进，如从武汉直赴前线，将会危险重重，建议医疗队先到延安，再取道抗日根据地。白求恩欣然同意。

在等待北上的日子里，正值日军对武汉狂轰滥炸，白求恩和尤恩冒着炮火，前往南隆庞修女会诊所（今武汉市第五医院）抢救伤员，挽救了众多平民百姓的生命。其间，帕尔森斯与白求恩发生分歧，他拒绝到中共领导的根据地去工作，还挥霍了所掌握的援华捐款，白求恩愤怒地谴责他的卑劣行径，毅然同他分道扬镳。

2月22日凌晨，经过周恩来的精心安排，在一名八路军小战士陪同下，白求恩一行登上了通往郑州的火车，开始了前往延安之旅，也开启了危险重重的北上行程。

一路向北方

在这趟老式火车上，白求恩亲眼看到了大量逃难的人群，有农民、商人、工匠、残疾人……他们惊奇地盯着白求恩和尤恩这两个外国人看，八路军小战士向大家介绍着援华医疗队。众人似懂非懂地听着，纷纷说起各自逃难的经历。通过尤恩的翻译，白求恩了解到日军更多的暴行，以及中国底层百姓的痛苦、无奈和挣扎的惨状，更加深了对日本法西斯发动战争的痛恨，坚定了他前往抗日根据地，用自己的医学才能帮助共产党八路军的决心和意志。

当晚 11 点，火车到达刚刚被日军飞机轰炸过的郑州，但见城内处处断壁残垣，瓦砾焦土，火车站也几成废墟，大量难民在临时搭建的窝棚里栖身，饥寒交迫，苦不堪言。白求恩亲眼看到战争带给中国人民带来的苦难，而火车站周围仅有的未被炸毁的两家旅店早已人满为患，白求恩三人只能在窝棚里度过一夜。乐观的白求恩在当天日记里写道："……裹着暖和的羊皮大衣，很惬意地度过一夜。"

2 月 23 日中午，白求恩一行登上开往潼关的火车，虽然只有 300 公里路程，但日军飞机时而袭扰轰炸，火车只能走走停停。遇到日机从远处飞来，司机就拉响警报紧急停车，乘客们纷纷跑到路轨两侧的田野里躲避，等警报解除再上车前进，途中，白求恩经历了几次火车被轰炸的危险。

2 月 24 日下午，火车终于抵达潼关，对这个自古以来的兵家必争之地，日军一直持续飞机轰炸和昼夜炮击，但英勇不屈的中国军队依据地形险要拼死抵抗，日军始终未能打开通往西安的这道大门。

敌我相向行

2 月 25 日清晨，十个脚夫推着满载着白求恩和尤恩行李的独轮车，来到黄河南岸的风陵渡，登上通往（山西省）临汾的火车。

火车厢两侧和车顶全是日机轰炸留下的弹孔，车厢内坐满了即将投身前线的八路军官兵，一张张年轻的脸上充满朝气，斗志昂扬，齐声唱着旋律高亢的民歌。白求恩被这场景深深地感染了，他从行李中拿出尤克里里琴，边弹奏边唱起一曲苏格兰民歌，火车在悠扬的歌声中沿着汾河东岸缓慢地向北开进……

2 月 26 日下午，火车到达临汾，只见车站内外混乱不堪，一群群逃难的人们拥挤着向南而去，人群中夹杂着不少缠着绷带、满身血污的国民党伤员，这一情景令白求恩大为震惊。但他们顾不上多停留，兴冲冲地找到八路军总部报到，孰料，由于战况突变，八路军总部已经转移，具体去向也不清楚，但留下一位战斗经验丰富的邱同志等待援华医疗队的到来。正交谈间，防空警报又响起，一名通信员跑来报告，一股进攻的日军正步步逼近，距此地只有 30 里路程，而抵抗的国民党军队节节败退，战火马上就要降临这座城市。邱同志告诉白求恩，唯一的办法就是原路回到潼关，再取道西安到延安，愤怒不已的白求恩无奈地登上了返回潼关的火车。

满载伤员和难民的车厢内再也没有来时那昂扬的歌声，耳朵里充盈着痛苦的惨叫声和呻吟声……火车向南行驶没多久，便缓缓地停在一眼望不到边际的荒野中，原来是司机害怕日机轰炸弃车而去，乘客们只好叫骂着下车，无奈地栖身荒野，等待不知何时到达的下趟火车。见此，邱同志建议改变计划，径直向西到河津县，从那里的禹门口渡过黄河，再经韩城到西安。征得白求恩同意后，邱同志找到附近的农家，安顿好白求恩和尤恩，又去筹集骡马和人手。两天后，白求恩终于看到带着 4 匹骡马和 5 名八路军战士归来的邱同志，众人齐心协力，把行李捆在骡马背上，开始了向西前进的征程。

黄昏时分，行进中的白求恩听到远方天际隐隐传来飞机轰鸣声，富有战斗经验的他忙组织大家就地隐蔽。很快，两架日机低空飞来，随着一颗颗炸弹落地爆炸，浓烟滚滚，趴在田野中的白求恩看到不远处的一名战士被弹片击中胳膊，血流不止，他顾不上危险，奋力上前，不由分说地为战士包扎伤口。

日机终于飞远，看到自己的一头骡子被炸死，车夫难过地大声哭起来。见状，白求恩从行李里拿出银圆，塞到车夫手里，流着眼泪的车夫听不懂白求恩的英语，只是边擦泪水边连连点头……白求恩深有感触地告诉尤恩说：“这番紧张、惊险和惨烈的过程，远远超过西班牙战场的经历。”

白求恩一行人继续前进，路上得到消息，日军已经占领临汾，邱同志命令队伍加快前进速度，以保证安全。

经过四天的艰苦跋涉，3 月 3 日，队伍来到黄河东岸的禹门口，准备在这里乘船渡河，进入陕西省地界，但是，面对横在众人眼前的滔滔黄河，怎么才能平安渡过去呢？

惊险渡黄河

黄河这一段古称龙门，两岸山峰耸立，湍急的河水裹挟着大块的浮冰从上游高悬跌落下来，发出巨大声响，场面壮观动人。与白求恩一同来到岸边的还有数百名官兵，其中有八路军将士，也有混乱不堪的阎锡山部队，众人高举着火把拥挤着等待渡河，而船只早已被对岸的陕西百姓毁掉或隐藏起来，以防止日军渡河。情急之下，邱同志带着战士四处搜寻，终于找到四艘船只，这时又传来紧急消息，日军追击部队正步步逼近这里。闻讯，场面又是一团混乱，邱同志镇定地指挥八路军战士迎敌而上，在前方占据有利地形，阻击日军进攻。

黎明时分，白求恩一行终于登上船只，不料，船刚刚驶到河中央，一阵密集的子弹打到船只不远处的水面上，激起阵阵水花。好在船工镇定自若，娴熟地划动船桨，有惊无险地到达西岸。白求恩一行被安排在岸边高处的一个山洞里，他顾不上歇息，抓紧时间，为受伤的官兵和船工诊疗治伤。

3 月 7 日凌晨，日军追到河东岸，用炮火猛烈轰击西岸，防御的国民党官兵也开始有组织地反击，硝烟弥漫，弹片横飞，场面紧张激烈。

天亮了，白求恩再也忍受不了等待的煎熬，他告诉邱同志，自己要徒步去西安，众人劝阻不住，只能与他同行，好在没走多远，迎面驶来了闻讯前来迎接的八路军卡车。

白求恩和尤恩终于来到西安，很快，他们见到了陕甘宁边区主席林伯渠和八路军总司令朱德，热情真诚的接待令白求恩大喜过望，一扫旅途中的艰辛和疲劳。会见中，朱德特别引用了加拿大友人古柏先生的一句话："加拿大的人民，因为有如此伟大光荣的子孙而感到骄傲！"

历经 28 天险象环生的艰难行军，白求恩和尤恩安全到达革命圣地延安，其后的国外报纸登载说：加美援华医疗队在前往中共游击区的途中不幸遇难。听到这类不实消息，白求恩哈哈大笑，他对尤恩说："每个人在一生中都要经历水和火的洗礼，你刚刚经历了火的洗礼。"

在延安的日子里，白求恩精神饱满，斗志昂扬，信心满满地开启了他艰辛而辉煌的援华历程。

白求恩牺牲前 15 天大事记

1939 年 10 月 29 日，河北省涞源县孙家庄战地医疗站，白求恩在为伤员手术中不慎划破手指，后伤口被致命细菌感染中毒并导致全身败血症，至 11 月 12 日凌晨不幸牺牲。在这 15 天中，白求恩走完了他在中国的最后一段征程，其间的艰辛、悲壮和勇往直前，令人动容，感怀至深。

10 月 29 日，在为腿部受伤的伤员实施手术中，白求恩用左手中指在伤口处寻找残存的碎骨，不慎被划破。后战情急迫，战地医疗队向后方紧急撤退，他们翻越蝙蝠岭，到达易县川角村的一个山洞里宿营。

10 月 30 日，战地医疗队继续转移，到达晋察冀军区一分区后方医院驻地甘河净村，此时，白求恩受伤中指开始发炎，但他没有告诉医疗队成员，坚持随队行军。

10 月 31 日，白求恩不顾伤指肿胀和疼痛，检查后方医院的工作，又坚持为伤员做手术十余例，并给身边医务人员现场示范讲解。

11 月 1 日清晨，医疗队正要继续转移时，雁宿崖战斗前线转运来一名患颈部丹毒合并蜂窝组织炎的伤员，这是一种外科烈性传染病，非常危险。白求恩不顾身边同志劝阻，亲自手术，手术过程中，受伤中指受到致命细菌的感染。

11 月 2 日，战地医疗队转移到顺平县石家庄子后方医院，白求恩忍着伤痛，为 200 多名受伤官兵检查伤情。

11 月 3 日，军区首长得悉白求恩受伤情况，下达命令，让他安心养伤。此时，白求恩受伤指肿胀严重，他用手套包裹封好，又为 13 名伤员实施手术。

11 月 4 日，白求恩顾不上休息，修改了军区卫生巡视团的工作报告，又撰写一份关于防治疟疾的讲课提纲。

11月5日，白求恩受伤手指肿胀得比平时大两倍，左手臂也开始出现肿胀，但他仍让身边同志不要担心。晚上，他把受伤指浸泡在一盆盐水中消炎。

11月6日，在没有麻醉药的情况下，白求恩亲自给受伤感染的手指开刀放脓。此时，黄土岭战斗即将打响，为了让白求恩安心休养，周围同志封锁了作战消息。

11月7日，白求恩的伤情越发严重，这时，他听到黄土岭战斗的消息，坚持前往战斗前线，率领医疗队顶风冒雨原路返回，踏着崎岖泥泞的山路强行军35公里，夜半时分，赶到易县南大坪地村宿营。

11月8日，白求恩拖着高烧39.6℃的病体，冒着严寒，赶到一分区后方第二休养所驻地旺家台村，这里距前线仅10华里，不通电话。白求恩命令务必把伤员送来，并特别指出，遇有头部和腹部受伤的伤员，必须让他亲自检查。

晚上，白求恩同医疗队成员交谈了两个多小时的卫生工作问题，至11点多才入睡。

11月9日，白求恩的左臂肘关节下发生转移性脓肿疡，左腋窝淋巴腺肿胀剧痛，无情的病魔侵袭着他的血液，但他不顾身边同志的极力劝阻，在护士搀扶下到手术室指导医生手术。

下午，白求恩的头部开始剧烈疼痛，体温高达40℃，浑身开始颤抖，呕吐，他自感身体已被致命细菌严重感染。

11月10日，白求恩高烧不退，病魔像火一样炙烤着他的肌体，聂荣臻司令员派通信员送来急信，命令立即把白求恩送到军区后方医院去救治，白求恩被抬上担架行进。途中，他几次呕吐，身体状况加剧恶化。

下午3时，护送白求恩的担架走到唐县黄石口村，此时，白求恩已经极度虚弱，无法起身，他执意不再前进，一行人只好在黄石口村宿营，住在堡垒户邸俊星家。

夜间，白求恩一度晕厥过去，随行医护人员为他注射强心剂，但已无好转迹象。

11 月 11 日，白求恩忍受剧痛，给翻译郎林写信，要求转告军区领导，组织医疗队到战斗前线抢救伤员。

白求恩病危的消息牵动着根据地军民的心，战士们送来刚缴获的急需药品，乡亲们赶来要求献血，但他的病情仍在继续恶化。

下午，白求恩知道自己身体已转成败血症，此时，他的脾脏肿大，体温下降，脉搏细弱，出现弥留状态，但神志清楚，4 点 20 分，他挣扎着用尽全身力量给聂荣臻司令员写下遗书……

11 月 12 日凌晨 5 时 20 分，白求恩带着壮志未酬的遗憾溘然长逝，走完了他生命的最后历程……

白求恩牺牲前战情追溯

1939年10月20日，是白求恩计划启程回国的日子。此前，白求恩向晋察冀军区领导提出回国的请求，陈述针对晋察冀军民缺医少药、财政紧张的实情。他计划到加拿大、美国等地进行广泛的宣传演讲，募集资金及战时物品来支援中国，同时，他要把自己的恋人带来，共同为中国人民抗战事业贡献力量。聂荣臻司令员批准了白求恩的回国请求，军区为他举办了欢送会，八路军政治部派来了电影团，对他的工作、生活及晋察冀军民的抗战实况进行拍摄，为他回国宣传提供影像资料。

启程回国前，白求恩对军区分散在各地的后方医院进行了巡视检查，针对发现的问题，提出整改措施，以提高医治水平。正在这时，军区一分区对日军展开麻田岭战斗，闻知战情，白求恩毅然推迟回国时间，率领战地医疗队奔赴前线。不料，在为前线伤员手术时，他的左手中指不慎被划破，三天后，受伤中指被感染中毒，导致发生败血症，医治无效，于11月12日凌晨与世长辞，年仅49岁。

这里，将麻田岭战斗和相继爆发的雁宿崖、黄土岭战斗的前后经过，以及白求恩抢救伤员的情况做一个简要回顾，以帮助大家更好地了解这位伟大的国际主义战士，中国人民的伟大朋友诺尔曼。

麻田岭战斗

首先，我们要为“麻田岭”这一战斗地点正名，长期以来，史学界将这场歼灭日军修路队的夜袭战命名为“摩天岭战斗”，以致以讹传讹，成为定论。

“摩天岭”三字，形容山势突兀险峻，经过查阅资料和实地考察，我发现，在晋察冀军区一分区所辖范围内有两个摩天岭，一个位于涞源县东南与易县交界处，另一个在蔚县北部和宣化县交界处。根据《杨成武回忆录》所载和相关历史资料记录：1939 年秋天，在涞源县北，蔚县南部的麻田岭，曾经进行夜袭战斗，打掉日军一个修路队。而后，相继引发了雁宿崖战斗和黄土岭战斗。综合判断这些情况，不难得出结论，这场长久以来口口相传的“摩天岭战斗”实为“麻田岭战斗”，很可能是开国将军多系南方人，方言原因，将“麻田”的发音误说成“摩天”了，以致出现后来的误传误认。

1939 年夏天，华北大地雨水成灾，晋察冀根据地不少地区洪水泛滥，擅长游击战的八路军行动受到阻碍，而拥有船只的日军借此展开疯狂的扫荡进攻。在军区一分区，军民们刚刚粉碎了日军的一次进攻包围，又得到情报，日军大本营将原属于一一〇师团所辖的涞源地区划归驻蒙军第二独立混成旅团，刚刚取得中将军衔就任旅团长的阿部规秀疯狂叫嚣，集中兵力进行冬季“治安肃正”扫荡，彻底消灭我一分区杨成武部。而扫荡进攻的前提是改善交通条件，以便兵力和装备的迅速调动，因此，日军征集民工，要修筑一条从涞源、蔚县之间的九宫口开始，经过麻田岭，最终通达我晋察冀军区所在地阜平县的道路。这次，日军动作很快，不到一个月时间，道路已修到麻田岭，如果道路修成，我晋察冀军区势必受到严重威胁，为此，我一分区组成“北进支队”，决定长途奔袭，歼灭麻田岭的日军修路队，以迟滞日军扫荡的进度。10 月 12 日，参谋长黄寿发率领两个营，连夜行军，经过易县和涞源县，潜伏到麻田岭周边。19 日夜，我军对日军修路队展开突袭战，分别在麻田岭和草沟堡歼灭日军 100 多人和伪军一个中队，解救了大批民工，缴获 10 挺机枪、100 多支步枪及弹药、粮食、牲口等战利品。

白求恩得知作战消息，不顾劝阻推迟回国日程，他对聂荣臻司令员说道：“我不能在战斗的时候离开部队，等这场战斗结束，我再启程。”深知白求恩性情的聂荣臻同意了他的请求。随后，白求恩率战地医疗队到达麻田岭，勘测地形后，准备把战地医疗站设在距离麻田岭不远的草沟堡，杨成武坚决不同意这个地点选择，提出医疗队后撤到涞源县东团堡东边的山沟里。当日，方案上报军区，聂荣臻下令，必须确保白求恩和医疗队的绝对安全。最终，由熟悉当地地形的同志将医疗站设在涞源县王安镇南五公里的银山口孙家庄。

10月29日，白求恩率队来到这个太行山深处的小山村，在村边的土地庙，白求恩将一个门板放在两个“卢沟桥”(系他发明制作的流动医疗箱的名字)上，当作简易手术台。夜半，麻田岭战斗打响，拂晓时分，担架队抬着伤员一路疾行，穿过乌龙沟来到战地医疗站，白求恩和医护人员随即开始了紧张有序的救治工作，随行的摄影师吴印咸在一旁为手术中的白求恩拍照，留下了那张经典的《白求恩做手术》的黑白照片……很快，驻扎在王安镇的日军发现乌龙沟到孙家庄的山路上担架队频繁经过，随即，大批日伪军向孙家庄袭击进攻，炮弹不时飞过山神庙屋顶落地爆炸，而担任医疗队掩护任务的只有八路军一个连的兵力。面对日伪军的疯狂进攻，尤其山神庙对面的半山腰间出现偷袭的日军，通信员不断催促医疗队尽快撤退。而就在这时，担架队又送来一位腿部受伤的战士，白求恩不顾危险，坚决进行抢救手术，以保全伤员的大腿。手术中，他用手指在伤口处寻找残留的碎骨，不慎被划伤……待手术完成，白求恩一行撤退，10分钟后，日军便疯狂地冲进山神庙，只看到一口仍在冒着热气的铁锅和地上遗留的手术废弃用品……

雁宿崖战斗

八路军夜袭作战，在麻田岭歼灭日军修路队，迟滞了日军进攻计划，令阿部规秀恼羞成怒。这位号称“山地作战专家”的日军狂热分子迅速调集兵力，分三路向涞源南部进攻，意图消灭我八路军部队，而我军获悉敌情，决定充分利用山势地形，集中优势兵力，围歼气势汹汹的进攻日军。

11月3日凌晨，1500多名日军沿山路向我军驻地银坊镇推进，杨成武部采用“诱狼战术”，节节抗击，向后撤退，将日军诱入雁宿崖峡谷地带，被我军团团包围。最终，我军毙伤辻村宪吉大部以下500多名日军，缴获山炮6门，轻重机枪13挺，步枪210支，骡马300多匹，无线收发报机2部。

战斗期间，正值白求恩和战地医疗队转移到军区一分区后方医院驻地甘河净村，他不顾受伤手指感染，忍受剧痛，为前线运送下来的十余名伤员进行手术，并给身边医务人员现场示范，讲解手术技术。战后，杨成武司令员将战斗缴获的500副夹板、1000条绷带，以及担架等医用品送给战地医疗队，大大缓解了医用物品的匮乏。此时，白求恩受伤手指被致命细菌感染中毒，但他坚持工作，抢救了一个个八路军伤员，留下了可歌可泣的精彩瞬间。

黄土岭战斗

雁宿崖战斗惨败的消息，令阿部规秀大为震怒，他迅速调兵，亲率独立步兵第二、第四营共1500多名日军，向雁宿崖和银坊镇方向急进，企图寻歼我八路军主力。而针对日军每遭失败必急于报复的特点，我军决定再次利用地形，隐蔽待机，连续伏歼日军。

面对疯狂进攻的日军，我军继续采取诱敌深入战术，节节抵抗，迷惑日军，于6日将日军团团包围在黄土岭狭长山谷中。7日，我军利用优势兵力展开围歼，经过一场激战，歼灭日军900多名，不可一世的阿部规秀更被我军炮火击毙，同时，缴获了大量军用物资。

这一期间，白求恩率领战地医疗队已经转移到我后方驻地石家庄子村。7日，闻听黄土岭战斗消息，白求恩坚持亲赴前线，率领医疗队折返回去，冒着风雨，沿着来时的道路连夜赶到南大坪地村宿营。8日，又冒着严寒，赶到距前线10华里的旺家台村，为前线送下来的伤员指导手术。此时，他身体高烧39.6℃，但他不顾劝阻，坚持高强度的工作，以致病情持续加重，最终，引发败血症，医治无效，于11月12日凌晨以身殉职。

白求恩牺牲原因分析

在中国，提起白求恩的名字，总有说不完的话题，道不尽的哀思。白求恩的英年早逝，令人无比痛惜，唏嘘不已……但是，也有人发出这样和那样的疑问：仅仅是一次手术时的手指受伤，怎么会导致这位生命力顽强的国际主义战士不幸牺牲呢？白求恩做手术时为什么不戴手套呢？……这里，仅就以上这两点疑问进行分析和梳理，努力正本清源，以使更多的人，尤其是青少年了解真实的历史，端正历史观和价值观。

历史走过漫漫长河，随着历史尘烟的褪尽，真实的历史图景渐次呈现出来，在历史资料的研究中，在相关的实地考察中，在众多当事人后代的口口相传中，我们不难还原历史和历史人物的本来面貌。生活在今天的人们，很难想象和体会八年全面抗战时期的艰辛和惨烈，尤其是被日寇和国民党顽固派重重封锁的敌后根据地。那时，八路军将士每月只有微薄的薪金，平日只有维持生命的口粮和简陋的衣装，武器要从敌人手里夺取，医疗用品更是少得可怜，大多是用草药治疗伤病。这种情况下，使用医用橡胶手套简直就是奢望。让我们欣赏一下那幅经典的黑白照片《白求恩做手术》，照片中的白求恩身穿灰土布军装，挽着袖子，裸露着双臂，腰间系一条白围裙，脚上是露着脚趾的草鞋，手术台更是简陋无比，由此，不难想象那时根据地军民的艰难困苦。

我们再看看白求恩在1938年8月22日的日记：“这是安静的一天……我的一个手指得到感染——不戴手套而在肮脏的伤口动手术，感染几乎是不可避免的，这是两个多月来第三次感染了……”白求恩于当年6月17日来到晋察冀根据地，至8月22日，仅仅两个月零五天，他手术时已经没有手套可用了。不难想象，受到经费、重量、品种等限制，白求恩来华时所携带的医用橡胶手套已经用完，而要到北京、保定等地购买医疗用品，又因敌人的封锁极其困难和危险。到 1939 年 10 月，在孙家庄抢救伤员时，白求恩的手指被碎骨划破，三天后遭细菌感染中毒，在没有抗感染药的情况下，发展成败血症，以身殉职。

医务人员不戴手套进行手术，伤员身上的病原体随时可以通过手的皮肤损伤而感染医生的身体，对白求恩来讲，他当然知晓这个简单常识，但他不惜冒着被感染的危险，坚持实施手术，抢救伤员生命。资料显示，抗战期间，在晋察冀根据地的医院，医护人员都是不戴手套完成手术。一般情况下，先用肥皂洗手 15 分钟，再在 75% 的酒精中浸泡 15 分钟，洗手和浸泡要求到肘关节以上，用这种土办法避免医护人员被细菌感染。

综合种种事实，白求恩最终因败血症而牺牲，系三个方面因素所致：1. 手指外伤没有治愈，炎症不断扩散。2. 长期超负荷工作，持续劳累，更因年龄较大，营养不足，身体虚弱，免疫力低下。3. 中毒感染后，缺乏有效的药物进行治疗。

白求恩在中国生活了 674 个日日夜夜，临终时，他身上只有林赛先生给的 18 美金，他用这 18 美金作为邮资，把遗物寄往加拿大。白求恩清廉无私，两手空空地离开了我们。那时，根据地的生活极端贫困，不能给他任何优厚的待遇，我们只有给他一颗颗朴实的心，一份份真挚的情感。我想，不论时代怎样变化发展，中国人民都会永远铭记白求恩那崇高的信仰、忘我的壮举和永恒的精神。试想，如果白求恩看到今天的中国蓬勃发展的景象，他定然会感到无比欣慰的。

白求恩遗体三次迁葬经过

关于这个话题，似乎显得有些沉重，但是，它从一个侧面，证明了中华大地告别了烽火硝烟的战争，喜迎安详、欢愉的和平阳光，而这一切，正是白求恩生前不惜牺牲生命，畅想建立的一个崭新的新中国。

1939年11月12日凌晨，在河北省唐县黄石口村一处普通农家的土炕上，白求恩溘然长逝。当时，日军因为雁宿崖和黄土岭战斗的接连惨败，尤其是号称“山地作战专家”的阿部规秀被我军炮火击毙，恼羞成怒下进行疯狂报复，进攻的日军步步紧逼黄石口村一带，情势危急下，决定将白求恩遗体紧急转移。上午10时，交通站派来一副担架，白求恩身材高，怕担架放不下，又横着附上一根木棍，把白求恩生前用过的被褥铺好，又把一件褪了色的绿大衣盖在遗体上。为了封锁消息，特意找来一个水壶，让勤务员何自新拿着，遇到有人询问，回答担架上抬的重伤员，随时保证伤员喝水。这样，由张好义、张恒、姜忠旺等8名可靠的村委会队员抬着担架向后方转移，为了躲避日军的追击，他们辗转在太行山崇山峻岭中，三天内，途经十个村庄，其间不断换人抬，除夜晚歇息，急行军不停留。有人提出将遗体抬进老乡家过夜，恐怕被主人担心不祥遭拒绝，而事实上，每一个乡亲都把最好的房屋打扫干净，安放白求恩遗体担架。为了保证安全，还把遗体放在院内的地窖里，至15日，终于安全地将白求恩遗体护送到于家寨。

嗣后，白求恩遗体经历了四次安葬，三次迁葬的过程。这里，我们做一个简要回顾，从中可看到中国人民对这位伟大的朋友的深情厚谊，无限的敬仰和感恩。

炮火硝烟中安然入葬

1939 年 11 月 15 日傍晚，白求恩遗体被抬到于家寨村，停放在晋察冀军区分区第二休养所，次日，遗体抬到村中央戏台前大官房。村自卫队员帮助休养所的同志为白求恩整容、净身，用红绸裹体，外穿一身崭新的灰土布军装，安放在行军床上，上面用他的鸭绒被和一条白被单蒙盖好。晚上，五六位同志在一旁为白求恩守灵。

17 日下午，聂荣臻司令员和军区卫生部部长叶青山缓步进入大官房，向白求恩遗体敬礼致哀……随后，白求恩遗体挪到大官房前，摆放在两张并在一起的大方桌上，白求恩胸部以下用白被单盖着，露着头部，安详地仰卧着。随即，举行了隆重的告别仪式，聂荣臻、叶青山率领军区卫生学校、三分区代表、二团、四十二团官兵、第二休养所干部、医护人员、能够行动的伤病员，以及村里的青抗先、自卫队、模范队、儿童团，有组织地排队围圈，脱帽肃立，向白求恩三鞠躬，并绕场一周，向遗体告别……

白求恩生前曾多次来到于家寨及附近村庄，为许多百姓无偿看病，乡亲们非常敬重和喜爱他。听说白大夫病故，个个伤心不已，扶老携幼前来吊唁，人们烧纸祭祀，看着白求恩慈祥的遗容，禁不住失声痛哭……

为了表达对白求恩的敬重，按照当地风俗，从附近村庄挑选了最好的柏木寿棺，聂荣臻亲自为白求恩入殓，这位性情坚忍的司令员及周围同志都流下了热泪……整个场面庄严肃穆，在当时反“扫荡”的残酷局面下，晋察冀军民对这位伟大的国际主义战士表达了最真挚的感情和感恩，延安电影团同志和骑马赶来的军区摄影记者沙飞用摄影机和照相机记录下了珍贵的影像资料。

17 日夜晚，于家寨村干部刘四耕与部队同志一起，将白求恩灵柩秘密掩埋在村南山清水秀的狼山沟门，距山脚下废碾盘 10 米处，以便将来寻找。葬后又用犁将地表犁平，不留坟头，地面不露丝毫痕迹。三天后，日军扫荡到于家寨，在村内外烧杀抢掠，后又多次前来洗劫，但白求恩的初葬地始终没有暴露。

1940 年 1 月 5 日，战斗形势缓和，晋察冀边区在唐县军城镇南关的古阅兵场上，举行了万人参加的白求恩大夫追悼大会。追悼会前一天，将寄厝在于家寨的白求恩灵柩起出来，抬到军城南关。至此，白求恩遗体在狼山沟山脚下安全掩埋了 50 天。

追悼会上，人们穿着素衣，眼含热泪，神情严肃悲壮地组成护送长列，从南关出发，经汪家沟、行营沟等村庄，沿南山河滩到达北关，后再回南关。聂荣臻司令员用略带哽咽的声音宣布：晋察冀军区卫生学校易名为白求恩学校，其附属医院易名为白求恩医院。随后，开始宣读祭文："……君不辞劳苦，万里东征，深入敌后，赞助吾军，寒衣土布之服，饥餐粗粝之粮，救死枪林之下，扶伤炮火之间……为君执绋，送葬军城，临穴涕泣，不知所云……"仪式结束后，举行送殡典礼，入葬时，聂荣臻、舒同等军区领导站立墓前，静默许久，悲悼伤怀，在回绕天空的哀歌声中，白求恩灵柩被厚葬在军城南关古阅兵场西北角的一个高坡上。

晋察冀军民建陵安葬

1940 年 2 月，晋察冀军区决定为白求恩修建一座规模宏大的陵墓，以纪念这位伟大的国际主义战士，感恩这位中国人民的伟大朋友。经过勘测，墓地选在军城镇南关古阅兵场，这里有周边近百亩平地，远方山峦起伏，东临清澈如镜的通天河，山清水秀，可谓"风水宝地"。陵墓设计三层结构，地下是砖券，地面为五星标志，代表着世界反法西斯战争必胜，五星正中为墓座，墓座上建有一个地球模型，象征着白求恩伟大的国际主义精神。墓体外层建有大门和八角围墙，整个建筑浑然一体，别具匠心，寓意深刻。

2 月间，陵墓开始施工，天寒地冻，军区工兵连官兵挥镐舞锹，破开冻土，挖出墓穴，垒好砖券。紧接着，把埋在古阅兵场西北角的白求恩棺木起出来，头朝西，脚向东，放到墓穴里，然后，用砖和白灰封闭严实。

按照设计，地面建筑是整个陵墓的主体部分，墓座用砖砌起，再用水泥抹成各种各样的棱角，墓顶筑起一个惟妙惟肖的地球模型。那时，水泥是一种稀有的建筑材料，晋察冀军区通过关系，组织人马，秘密穿过日军封锁线，从太原市用一斤小麦换一斤水泥的价格换来。墓前雕刻一尊白求恩石立像，画家先是画出图样，工匠用黄泥塑出白求恩全身像，再由老石匠依据泥像，用工几十个日夜塑造完成。石像高2米，通体素白，一手下垂，一手放在裤兜内，脸颊上有两条深深的笑纹，姿态潇洒飘逸，生动传神。

1940年6月，白求恩陵墓竣工，门柱上方用弧形钢筋架起，晋察冀军区政治部主任舒同书写“白求恩之墓”五个大字，门柱两侧镌刻挽联：精神长存国际，功德永垂中华。迎门卧碑上，用简洁的文字记述白求恩不平凡的一生，墓门左侧立着中共中央悼词碑，右侧立着晋察冀军区祭文碑。整个陵墓呈圆形，四周用铁链围成栏杆，再向外是砖砌的八角形围墙，中间地面柏油铺成，平展光洁，周边布满松墙花池。整体陵墓庄严肃穆，雄伟壮观，既体现着西方建筑特色，又彰显着中国传统建筑风格之美。

6月21日，军区政治部的抗敌剧社代表全体参加典礼的人们唱起了激昂雄壮的《国际歌》，表达了对白求恩这位伟大的国际主义者的无比敬仰之情。歌声中，晋察冀边区万余军民举行了白求恩陵墓落成典礼，聂荣臻司令员为白求恩石像揭幕，全场军民齐声高呼：“白求恩精神不死！”声势浩大，回响天地……

和平阳光下永眠华北

1952年11月6日，河北省人民政府批准，将白求恩灵柩由（唐县）晋察冀烈士陵园迁葬到（石家庄市）华北军区烈士陵园。

1953年3月15日，迁葬工作启动，唐县民政局组织人力，准备迁出安葬的白求恩灵柩。但是怎么才能保障白求恩遗体不被损坏，大家群策群力，想出一个办法，先从陵墓西侧挖出一条坑道，打通砖砌的墓壁，再用一根大绳拉动棺木，众人小心翼翼，轻拉轻拽，终于将棺木拉出来。当晚，天色完全黑下来，调来四辆胶皮马车，周围擎着20盏马灯，开始装车，棺木体量大，系柏木做成，特别沉重。众人齐心协力，用大绳拢紧棺木，慢慢装放到马车上，又担心道路不平，棺木晃动，即在棺木两侧用鹅卵石稳住，以保证运输安全。与此同时，把当年为防止日军破坏而被村民掩埋地下的白求恩汉白玉雕像起出来，放置妥当。

3月17日清晨，唐县人民政府在城南路口举行告别仪式，几百名干部、群众肃立路旁，闻讯的乡亲们一早赶来，眼含热泪，为白求恩英灵送行，按照当地风俗，燃放鞭炮，告慰英灵路途平安。

当天下午，白求恩灵柩由火车运送到石家庄火车站，华北军区烈士陵园用马车将灵柩拉回陵园。

白求恩灵柩安葬在陵园西侧一大片圆形空地间，陵墓中央建筑灵台，灵台上树立着一个十字架，灵台后面是白求恩墓，墓后树立着汉白玉石碑，碑上用中、英文字镌刻着白求恩名字和生平简介，墓地南侧镌刻有伟人《纪念白求恩》中的一段文字：“一个外国人，毫无利己的动机，把中国人民的解放事业当作他自己的事业……每一个共产党员都要学习这种精神。”

1977年7月，在白求恩墓前广场中央，树立起白求恩全身雕像，由中央美术学院雕塑系教授司徒杰设计。雕像整体高3米，底座1.73米，宽3.17米，底座正中镌刻着“诺尔曼·白求恩”六个大字。

1982年7月23日，河北省人民政府将白求恩墓地列为省重点文物保护单位。

至此，白求恩永远安眠在华北大地，与中国人民的心灵和情感永远联结在一起。

毛主席生前四次赞颂白求恩回顾

1939年11月12日凌晨，白求恩因病医治无效，在河北省唐县黄石口村逝世，享年49岁。

白求恩病逝的噩耗，使晋察冀边区沉浸在一片悲痛之中，一位医疗队队员说道："我们八路军将士的全部泪水，也表达不了对白求恩的哀悼之情。"

白求恩以身殉职的消息传到延安，闻讯的军民悲痛不已。12月1日下午，延安各界代表聚集在中央大礼堂，沉痛悼念白求恩的逝世。庄严肃穆的会场上，悬挂着白求恩的画像，由朱子奇作词，郑律成谱曲的《白求恩纪念歌》的旋律在会场内外回响……

中国共产党中央委员会向美国共产党和加拿大共产党及白求恩的亲属发出了唁电，电文写道："白求恩同志的这种国际主义精神，值得中国共产党全体党员学习，值得中华民国全国人民的尊敬①。"

陕甘宁边区政府的挽联上写道："万里跋涉，树立国际和平，堪称共产党员模范②。"

追悼会上，吴玉章代表中共中央致悼词，号召大家学习白求恩的国际主义精神和牺牲精神。

对于白求恩的英年早逝，毛主席非常难过，曾在不同历史时段、不同场合，四次撰文题词和发表演讲，对白求恩的英雄壮举和献身精神给予高度评价。

在白求恩追悼会上，毛主席的挽词写道："学习白求恩同志的国际精神，学习他的牺牲精神，责任心与工作热忱③。"

1939年12月21日，毛主席在延安杨家岭窑洞里写下了《学习白求恩》

①②③ 援引《白求恩援华抗战的674个日夜》，第305页。

一文，后来，又对这篇激动人心、影响深远的文章进行修改，发表时更名为《纪念白求恩》，成为中国人民世代传诵的不朽名篇。

1940 年 11 月 12 日和 1943 年 7 月，毛主席两次到白求恩国际和平医院参加纪念白求恩的活动，对为什么学习白求恩，以及怎样学习白求恩等问题，发表了精彩的演讲。他抚摸着白求恩石膏像，深刻阐释道："我们每个人都有一死，但怎么死却有所不同，像白求恩那样去见马克思，那一定是要立功受奖的嘛，马克思会给你摆酒席，让你上座。"毛主席又对医护人员说道："你们要像白求恩大夫那样，全心全意为伤病员服务，他为了救死扶伤，克服了各种困难，完成了许多治疗伤病员的任务，为中国革命做出了伟大贡献……希望你们努力学习，积极工作，争取做白求恩式的先进模范人物。"

1965 年 8 月 30 日，在庐山疗养院，毛主席在护士钟学坤的笔记本上题词："学习雷锋，学习白求恩，为人民服务。"

可以说，毛主席终其一生，始终把白求恩视为全党、全军、全国人民，特别是医务工作者学习的榜样，始终把白求恩精神视为中华民族伟大精神的重要组成部分。

与白求恩风雨兼程的两位异国女性

在写给聂荣臻司令员的遗书中，白求恩这样说道："……告诉他们，我在这里十分快乐，我唯一的希望就是能够多做贡献……最近两年，是我平生最愉快、最有意义的日子……"

白求恩在晋察冀工作和生活时期，正是抗日战争最严酷、生活条件最坚苦的岁月，但他却以达观向上的态度，奋不顾身地践行着自己的援华使命，而与此同时，他也收获了中国同志们对他最质朴、最真挚的情感。在他身边，有众多革命道路上的志同道合者，其中，有两位美丽、善良、勇敢的异国女性，她们与白求恩同呼吸、共命运，为中国人民抗战事业做出了无私的奉献，书写了可歌可泣的动人诗篇。

琼·尤恩：真诚·勇敢·一往无前

在（唐县）晋察冀烈士陵园白求恩墓地的右侧，安葬着白求恩生前战友琼·尤恩的骨灰。作为加美援华医疗队的成员，白求恩和尤恩结下的战斗友谊和对中国人民的真挚友情，感人肺腑，催人泪下。

1933 年初，21 岁的尤恩在加拿大护士学校毕业，她身材健硕，相貌俊美。当时的加拿大正笼罩在经济大萧条的阴云下，刚刚走出校门的她四处寻找工作岗位，但处处碰壁。而她的作为加拿大共产党创始人的父亲，此时被政府以"煽动罪"和"赤色分子"的罪名逮捕入狱。面对内外交困的境地，深怀人道主义情怀的尤恩毅然参加天主教教会工作，以传教士的身份被派往中国，开启了她人生中多彩的篇章。

不久，尤恩登上了驶往东方的"日本皇后"号邮轮，远渡重洋来到中国，又几经辗转，被教会安排在山东省无棣县的一家教会诊所工作。

20世纪30年代的中国，国运衰败，内忧外患，经济极度贫困，鲁西北的农村生活更是苦不堪言，卫生条件尤其落后。但天性乐观、爽朗能干的尤恩却丝毫不以为忤，她行走乡间村落，宣传现代医学知识，为百姓问诊治病，她用现代医学技术给一个个孕妇接生，很快，她的诊所远近闻名，赢得了当地百姓的尊重和喜爱。尤其是她为自己更名为“于青莲”，还掌握了一口纯正的山东话，尤恩彻底融入了乡村生活，她在中国找到了年轻人生的尊严和价值。

1937年的中国，战争阴霾密布，时局动荡不安，是年6月，尤恩回到了阔别四年的家乡。正当她重新规划新的生活时，“卢沟桥事变”的消息传到加拿大，对中国怀有真挚情感的尤恩又一次改变人生目标，她毅然加入加美援华医疗队，作为大名鼎鼎的白求恩大夫的翻译和助手，第二次东渡来到中国。面对侵略战争给中国人民造成的深重灾难，白求恩和尤恩无比憎恨日本法西斯的暴行，可谓志同道合。但是，由于家庭环境的对立，成长经历的迥异，加上年龄的差距，性别的区别和信仰的不同，导致两人工作和生活中时常发生龃龉、隔阂、对立。白求恩常常咄咄逼人，尤恩又愤怒地还以颜色，就在这种不断争执和矛盾的过程中，两人逐渐理解和认可了对方，以致惺惺相惜，彼此牵念。

令人遗憾的是，正值援华医疗队从延安出发，奔赴晋察冀根据地之际，尤恩被派往西安采购医疗用品，等她完成任务回到延安时，性情急躁的白求恩已经提前出发了。从此，俩人相隔一方，尽管在很长时间内，他们同在中国抗日前线，同在沐浴着战争烽火硝烟，但尤恩再也没有追上白求恩远去的背影，延安的分别，成为二人在人世间的永远别离。

18个月后，白求恩在抗日前线以身殉职。

尤恩在离开延安后，几番辗转，历经苦难，来到南方新四军根据地，继续发挥专业所长，抢救伤病员，培训战地医用人才，身体力行，鞠躬尽瘁，为中国人民抗战事业又奉献了一年时间，直到1939年6月返回加拿大。

尤恩回到家乡后，在父亲介绍下，她嫁给了一位从西班牙前线归来的加拿大共产党员，并于当年生下了一个美丽的女儿。

1985 年，73 岁的尤恩在女儿陪同下访问中国，两年后，尤恩因病去世，弥留之际，她对女儿说道："我的心留在了那片土地上。"根据她的遗嘱，她的骨灰安葬在白求恩墓地旁。

尤恩生前在自述中曾这样评价白求恩说："白求恩大夫坚信只有马克思主义能让人们具有同情心、忠诚和责任感，从他给伤病员看病的过程中，可以看出来，他是一个有献身精神、致力于为全世界服务的人，白求恩大夫不仅是医生，而且是作家、艺术家和科学家。"

凯瑟琳·霍尔：坚忍·正直·义无反顾

20 世纪 30 年代，在河北省曲阳县北部一个叫宋家庄的小山村，曾经修建过一座天主教教堂，一位来自新西兰的女牧师在这里传教，并为附近百姓行医治病，她的名字叫凯瑟琳·霍尔。

抗战时期，霍尔和白求恩在这个小山村邂逅，这两位来自异国他乡的国际友人，同样性格真诚、善良、勇敢，同样对中国人民怀有深厚的感情，在严酷的战争环境中，他俩配合默契，携手进退，留下了感动人心的佳话。

1896 年 10 月，霍尔出生在新西兰纳皮尔市，她的父亲系当地行政官员，家境优渥，教育良好。霍尔自幼就性格温和、善良、待人真诚，在奥克兰公立医院学习毕业后，她已锻炼成为一名出色的护士，但她从小就向往着宗教工作，而遥远的东方更令她心驰神往。

1922 年，霍尔告别家乡，远渡重洋，来到中国，开始了她行医传教的生涯。当时的中国贫穷落后，人民生活水深火热，灾难、饥饿、战争不断侵蚀着这个古老的国度。霍尔决心用自己的医学所长和宗教思想帮助苦难深重的中国人民，她先后在北平协和医院工作，在河北省安国、曲阳等地开办医院，其中，安国博爱医院是当时整个中国华北地区第一所西方式农村医院。在行医问诊的同时，霍尔还创办学校，教农民识字，举行慈善活动，建立起第一个农村澡堂，第一个婴儿卫生室。1935 年 5 月，霍尔来到曲阳县宋家庄，在这个太行山山脚下的小山村建立了自己的总诊所，为患病百姓诊断治疗，她还为自己起了一个中文名字——何明清，当地百姓把这位操着一口流利曲阳土语的女传教士叫“黄毛老何”，交口称赞说：“何先生在我们这里干的好事说也说不清。”

“七七事变”爆发，日本发动全面侵华战争，烧杀抢掠，无恶不作，霍尔对日军的野蛮行径深恶痛绝，对遭受战争灾难的中国人民深表同情，在一次战斗后，她亲赴前线战场，在废墟中搜寻幸存者，带回诊所精心救治。

1938 年秋，晋察冀军区转移到与宋家庄一山之隔的唐县和家庄，面对日军的重重封锁，根据地军民缺医少药，而去北平、保定等地购买又危险万分。这时，白求恩听说霍尔的情况，他顿时冒出一个念头，利用霍尔的特殊身份去采购药品。但是，霍尔是一个持身严谨的传教士，圣公会对待战争又一直采取中立态度，怎么才能说服她呢？……白求恩顾不上多想，第二天，他翻越大山，风尘仆仆地来到宋家庄，看到霍尔正在带着信徒做晨祷，白求恩生气地喝道：“……这是什么时候，一二百里外便是敌人，还带着老百姓做祷告，简直是麻醉……现在，在天堂的门口，有东西阻拦……这些无辜的人民生活在苦难里，生前没有人拉他们，死后又怎么能进天堂呢？……”看到白求恩这位著名医学专家满脸诚恳的表情，听着他那发自肺腑的言辞，霍尔被深深地感动了，在慎重思考后，她最终决定帮助八路军。

其后，霍尔义无反顾地开始了长途跋涉的买药历程，她亲自驾着骡车走出大山，在北京和保定采购出大批药品和医疗器械，她用瘦弱的肩膀把这些医疗用品背回自己的诊所，再转送给白求恩医疗队。同时，她还竭尽全力，把具有医学专长的爱国人士秘密护送到晋察冀边区。霍尔的一次次购药行动引起了日本特高课的跟踪注意，很快察觉到她在帮助八路军，随即，日军逮捕了正在北平购买药品的霍尔，把她投进监狱，又出兵扫荡宋家庄，烧毁了霍尔的教堂，摧毁了她的诊所。最终，在英国使馆担保下，霍尔得以出狱，但被日军驱逐出境。

来到香港的霍尔继续用行动帮助中国人民的抗战事业，直至她患上回归热病，才依依不舍地告别中国，回到故乡新西兰。

从此，白求恩和霍尔天各一方，遥相牵念，白求恩称赞霍尔为“天使”，而当听到白求恩不幸牺牲的消息，霍尔为失去这样一个真挚的朋友失声痛哭……

中国人民始终没有忘记这位伟大的国际友人，1959 年 10 月 1 日，霍尔被邀请来华，作为嘉宾参加共和国十周年庆典，她受到周恩来、宋庆龄、聂荣臻等老朋友的热情接待。离开北京后，霍尔专程来到晋察冀烈士陵园，在白求恩衣冠墓前，她捧起一把黑土（那是加拿大友人来祭奠时带来的白求恩家乡的黑土），包在手帕里，紧紧地拥入怀中，喃喃地说道：“对不起，我已经老了，今后恐怕无法再回来看你了……”

1981 年，84 岁的霍尔平静地离开人世，根据她的遗嘱，她的骨灰撒在宋家庄那座洁白的莲花峰上，与山峰那边的白求恩墓遥遥相望。霍尔的墓碑上，镌刻着聂荣臻的题词：“救死扶伤，忘我献身，支援抗战，青史永存。”中国人民的老朋友路易·艾黎先生生前这样评价霍尔：“她是一个真正的新西兰人，她的伟大来自伟大牺牲，来自兵荒马乱的战争年代，她以爱和温暖同普通的中国人在一起工作，这是真真正正、实实在在的国际主义！”

我常常想，如果人辞世后真有灵魂的话，那么，白求恩、尤恩和霍尔这三个圣洁的灵魂，一定会重聚在中国北方的大地上，在延安、在黄河、在晋察冀、在太行山………

第三部分　追随白求恩

引言：

1998年秋天，我在北京结识了衣着朴实无华，面貌和蔼可亲，操着一口地道山区方言的何占元夫妻，由于同宗同姓，我称呼两位老人“大伯”和“大娘”，同他们熟稔起来，大伯家所在的孙家庄是河北省涞源县王安镇所辖的一个自然小山村。

两年后的一个春天，面对大伯的盛情邀请，我决定前去探望两位可亲的老人。

几经辗转，黄昏时分，我抵达孙家庄村口，借着最后一点天光，我端详着这座寂静的小山村，但见二三十个古朴的院落依山建筑，村口一条水量不大的小河，简易的石桥横跨河上，月光映在缓缓流淌的水面，泛起星星点点的银白色光亮，我跨过石桥进村，在村民指导下，走进了大伯家。

清晨时分，伴着阵阵鸡鸣，我跟随大伯去村口“打水”，眼前的小山村格外迷人，春风习习，树木青翠，我大口呼吸着都市里久违的空气，倍感舒爽。

来到村口，但见路边一口年代久远的水井，另侧高台上有一座山村常见的小庙，只是小庙前多了一尊端立的石造人头像。我上前观赏，小庙坐西朝东，前梁高不过2米，宽约3米，面积不足10平方米，庙门显然早已不在，敞亮的庙中间摆放着简陋的石供桌，桌上立着伟人的瓷像和四个神仙牌位以及一些早已失鲜的各类供品。两侧墙体上，依稀可见斑驳残存的壁画，显然是民间画匠所绘，历经年代，彰显着一种别样的不凡气韵。最令我惊奇的，还是那尊石造像，人物头发高卷，宽额深目，神态安详，面向东方，我瞬间怦然心动，想到了那个从小就熟知的名字——诺尔曼·白求恩，难道真的是这位伟大的国际主义战士？大伯一旁告诉我，他就是白求恩，抗战时，八路军曾在这一带与日军战斗，白求恩在这座小庙里抢救八路军伤员，因此，当地人把小庙叫“白求恩小庙”。石像背后有一段文字记载，说明石像是天津市河西区团委来此参观后捐资修建，除此再没有其他介绍了。

此后，每天清晨，我来到水井“打水”，摇动辘轳，提上一桶透着凉气的清水，我都会下意识地转身去凝视那白求恩石像，晨光照射下，遥望远方的白求恩头上笼罩着一层圣洁的光晕，每当这一刻，我都会自问：在这个小山村，白求恩究竟经历过什么？又发生过哪些故事？

回到北京后，我找来那幅黑白照片《白求恩抢救伤员》，对照着我拍摄的“白求恩小庙”，两张不同年代照片上的小庙，是否同属一个？我仔细辨别着，真的难以确认。

后来，我又几次到孙家庄，而每一次，我都会走来到小庙前，面对石像，静静伫立，认真端详，我也多次寻找白求恩和小庙的更多线索，但所得信息始终有限，直到我开始创作白求恩题材的电影剧本，深入研究资料，才得知真相：那是 1939 年 10 月 29 日，白求恩在这座小庙抢救八路军伤员，手术中，他的左手中指不慎被划伤，最终导致败血症，医治无效，于 11 月 12 日凌晨光荣牺牲。

在长达四年的剧本创作过程中，我一次次地被白求恩大爱无疆的奉献精神深深感动，我不断地感受着他生命中的点点滴滴，追念着他丰富的内心世界，还原着他短暂、辉煌的援华历程。

1938 年 6 月 17 日，白求恩历经跋涉，来到晋察冀军区驻地（山西省）五台县金刚库村，此后，白求恩在晋察冀根据地战斗、生活了 674 个日日夜夜，而这一时期，正是抗日战争最艰苦、最惨烈的阶段，烽火硝烟下，白求恩的脚步始终没有停下来，作为晋察冀军区卫生顾问，他以饱满的激情投身战斗最前线，用高超的医学才能挽救了一个个宝贵的生命，面对异常严酷的生活环境，他始终保持着革命者的朴素本色，把自己“打造”成八路军队伍中合格的一员。白求恩把全部身心、才能奉献给了中国人民抗战事业，创造出一个个不朽的业绩。其中，白求恩牺牲前15天最后走过的道路，所经历的事件，是最吸引我、打动我的部分，从孙家庄受伤，到黄石口牺牲，整整15天时间，伴随着麻田岭、雁宿崖和黄土岭三次战斗的隆隆枪炮声，白求恩率领战地医疗队不断地向后方转移，过程中，他的伤情持续加重，但他忍受剧痛，坚持完成高强度的工作，最终病情恶化，以身殉职。

当年白求恩途经的道路，今天是怎样的情形？是否还存留着白求恩的影踪？为了探寻更多的历史信息，我决定徒步考察，重走白求恩牺牲前最后走过的道路。

白求恩小庙

近年来，尘封历史中的白求恩小庙逐渐为世人所熟知，小庙周边也升级改造，小庙前的河流上架起吊桥，一旁建起白求恩纪念馆，为小山村增添了时代的亮色。我的忘年交何占元夫妇都是有着50多年党龄的老党员，对白求恩小庙有着特殊的感情。当年，白求恩和战地医疗队从小庙撤离，就是何占元老人的三叔牵着骡子，驮着医疗器械，带领白求恩一行穿行隐秘的小路，翻越蝙蝠岭，安全转移到八路军后方基地的。老人告诉我，现在每逢节假日，都有不少游客专门来小庙参观、祭奠，这座红色景点在新时期发挥着越来越重要的社会功用。告别之际，隔河相望，在满目青翠山峦映衬下，白求恩小庙和纪念馆更彰显着安然、静谧，焕发着一份独有的温馨之感。

2020年6月30日，孙家庄记。

白求恩小庙

何占元夫妇

白求恩纪念馆外景

孙家庄村口

翻越蝙蝠岭

蝙蝠岭是莽莽太行山上最险峻的一处山顶岭口，它之所以显赫一方，不单单因为它是隔断（河北省）涞源和易县这种地理学意义上的岭口，更因为它见证了抗日战争的烽火硝烟。

蝙蝠岭岭口

蝙蝠岭山路

1939年11月初，八路军在蝙蝠岭周边对日寇展开雁宿崖和黄土岭战斗，号称“名将之花”的日军中将阿部规秀被我军击毙，极大振奋了抗日军民的意志和信心。而11月30日，白求恩率领战地医疗队，翻越蝙蝠岭，进入易县地界，后转移到后方休养所，摆脱了日军的疯狂追击，演绎了绝地逢生的精彩篇章。告别白求恩小庙，我来到蝙蝠岭山下，开始攀登……望着向上延伸的羊肠小道，我仿佛穿越时空，依稀看到那幅战场图景：伴随着隆隆炮声，白求恩那高大、虚弱的背影正在步履蹒跚地向蝙蝠岭口跋涉……站立岭口，放眼四望，青山如黛，暮色四合，好一派壮美的太行山风光……我突然领悟到，当年的白求恩未必感叹战场的惨烈和行进的艰辛，他内心充盈的是那革命者的乐观和豪情……

7 月 2 日，甘河净村记。

灵韵甘河净

抗战时期，甘河净村是晋察冀军区一分区后方休养所的驻地，一批批八路军伤员在这个小山村疗伤、休养。

1939 年 12 月 30 日，伤情中的白求恩率战地医疗队转移到这里，他拒绝休息，不顾伤指的肿胀疼痛，马上投入工作，细心周到地检查伤员伤情，连续做了 13 例手术，不厌其烦地为身边医护人员讲解示范，最后，实在坚持不住了才躺下休息。

我在甘河净四处走访，见到了年届九旬的许富贵老人，老人热情地讲述起当年的情形："白求恩他们来村里的时候，我才 7 岁，没见过外国人，我们一群小孩儿就跟着白求恩后头看着他……白求恩是大高个子，蓝眼睛，大胡子，他身后还带着一条小白狗……我们跟着他走，他一下子就站住不动，脑袋转回来，叽里呱啦地说着外国话，还做着鬼脸儿，逗得我们哈哈大笑……有一回，我们问白求恩'怎么不刮胡子'？他说'工作忙得没空刮胡子了'……白求恩做手术时，我们几个就趴着窗户看，白求恩'锯胳膊锯腿开肠破肚'（老人土语）特别麻利，地上流了好多血，那条小白狗就舔着血……那时候，八路军伤员就住在每家每户，我家里也住了俩伤员，白求恩走路特别快，到每家给伤员看病……有一回，日本鬼子得到消息，来村里扫荡，为的就是消灭白求恩医疗队，咱们老百姓拼死也要保护他们，最后，是我老爷爷牵着骡子，走小道把他们安全送走的……"老人说到这里，停了下来，最后，提高声调说道：

“白求恩大夫真是好样的！”

7 月 3 日，龙潭村记。

甘河净村

甘河净村边

白求恩小镇

1939 年 11 月 2 日，白求恩一行转移到石家庄子村（中华人民共和国成立后修建龙潭水库，村庄被淹没）此时，白求恩的伤指已经严重感染，身体高烧不退，但听闻黄土岭战情，他不顾劝阻，坚决率领医疗队，沿着来时的道路重新返回。

从地图上看，白求恩他们走的是一条山路崎岖的“之”字形路线，今天的道路尚且如此难行，当年的行走又是何等艰辛？我在想，白求恩究竟是以怎样的毅力和体能走下来的？……我又蓦然想到，如果白求恩当时不是执意返回去，而是遵命回到军区后方医院接受治疗，那感染的伤指可能就不会发展到全身败血症，可能挽救回生命……当然，历史不容假设……

今天，这里的一切已经“旧貌变新颜”了，为了纪念白求恩，当地政府正在全力打造“白求恩小镇”，同时，修建一条北起（涞源县）黄土岭，南抵（阜平县）城南庄的白求恩大道，作为爱国主义教育基地，大力弘扬以白求恩为主题的红色文化，让伟大的白求恩精神世代赓续传承。

7月5日，唐县神南镇记。

白求恩医疗队塑像

白求恩纪念林

龙潭水库

红色小山村

离开白银坨，一路向南，来到孟子岭村，见到了多年来致力于宣传白求恩精神的赵全中老人。老人带我来到一处老院落，白求恩当年就住在这里，老人饶有兴致地讲述了一个小插曲……当年，房屋的门框较低，高个子的白求恩头一回进门时，一不小心，头碰到门框上，只见他无奈地摇摇头，转过身看着门框，手比画了一下，意思是应该门高人低，然后又做了个鬼脸儿，孩子般地笑了起来……老人也见过白求恩非常“厉害”的一面，有一次为乡亲做手术时，身边的护士拿错了手术器械，白求恩大发雷霆，命令护士改正错误……那番情形，令赵全中老人终生难忘。随后，老人又带我走进村里的白求恩展览室，室内尽量有些简陋，展品也不多，但从陈设的文字和图片中，充满着乡亲们对白求恩大夫真挚的感情。

白求恩住过的房屋

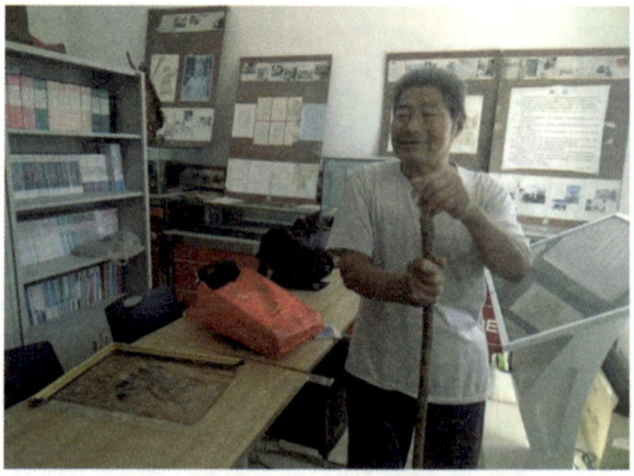

赵全中老人和白求恩纪念室

告别小山村，走出很远，我不禁驻足回望，眼前突然闪现出一幅幅清晰的场景：山路依然，白求恩依旧在山路跋涉，在村落奔走，救治着一个个伤员和患病的百姓，给小山村平添了一道亮丽的红色风景线……

7 月 6 日，神南镇记。

白求恩塑像

白求恩墓地

1939年11月12日凌晨，白求恩在（唐县）黄石口村去世。

当时，扫荡的日军正步步紧逼，为保安全，晋察冀军民将白求恩灵柩暂时深埋地下，后随着战情缓解，白求恩灵柩被迁葬在（军城镇）晋察冀军区烈士陵园。陵园内还安葬着柯棣华（印度援华友人、白求恩国际和平医院首任院长）、傅莱（奥地利援华友人）暨众多壮烈牺牲的忠烈英灵。

我独自漫步空旷的陵园内，总觉得这里缺少点什么。也许是太过安静，也许是怕惊扰了安眠地下的烈士英灵，就连树叶坠地的声音，似乎都听得真真切切……

白求恩墓地位于整个陵园中心位置，墓地下方安葬着琼·尤恩的骨灰，这两位来自加拿大的国际友人，生前并肩作战，援助中国，去世后相依安葬，令人感怀不已……

白求恩墓地大门

白求恩墓地

琼·尤恩骨灰埋葬地

陵园内景

离开陵园时，我久久地凝视着墓地的门楣，但见一缕阳光映射在（白求恩之墓）那五个金色大字上，熠熠生辉……

7 月 7 日，曲阳县记。

战火黑寺村

黑寺村依傍华山峪，紧傍黑寺河，流水清畅，林草葱郁，眼前这个田园风情般的小山村，怎么也难以把它同 82 年前那场惨烈的战斗联系起来。我来到村边那座龙王庙，当年的庙宇面阔三间，龙王塑像高大威仪，远近驰名，而眼前的龙王庙显然是近年新建，在原先基础上缩小比例建筑，就是在这座小庙里，白求恩演绎了一幕抢救八路军伤员的精彩篇章。

黑寺村村口

1938 年 11 月 29 日，大雪纷飞，天寒地冻，白求恩一行翻山越岭，赶到距战斗前线 12 里的这个小山村，将战地救护所建在村边的这座小庙里。次日，战斗打响，八路军伤员不断地运送来，白求恩紧张地诊断、手术，抢救一个个八路军官兵……在日记中，白求恩记录道："……身后 20 英尺高的塑像面无表情地注视着我们。我就在这种环境下，坦然地完成着一例例手术……"在隆隆炮声中，白求恩连续做手术 71 例，40 个小时没有合眼，其中，还救治了 3 名受伤被俘的日军士兵……直到预备医疗队赶来，把极度疲惫的白求恩替换下来，刚刚离开手术台，他就一头靠在墙边酣然入睡……战后复查伤员预后情况，无感染、轻感染和一般性感染各 1/3，无死亡，大大超过了以前的战场救治成果，白求恩实现了在延安时向毛主席做的战地伤员救治率 75% 的保证。

抚今追昔，今天的小山村早已远离了那烽火硝烟，但这里的山水大地，一草一木，都铭记着那个来自异国他乡的名字——诺尔曼·白求恩

2020 年 9 月 10 日，灵武镇记。

白求恩塑像

龙王庙外

曲回寺追忆

黎明时分，我动身启程，沿着高低起伏的山路，来到因“曲回寺”而得名的曲回寺村。

白求恩塑像

历史上，曲回寺曾是五台山寺院下院，有唐一代，盛极一时，尤其那遍埋四处的石像冢，成为一个难以破解的千古谜团。曲回寺村不仅以佛教石像冢扬名于世，更是一个令世人敬仰的红色小村落。在艰苦的八年抗战期间，这里上演了一曲曲勇往直前、抵抗外侮的动人乐章，尤其是白求恩大夫顶风冒雪，纵马驰骋，抢救彭清云的壮举，至今仍在这一带传诵。

当时，曲回寺村是八路军 359 旅后方医院第一所，在广灵伏击战中，719 团教导员彭清云身负重伤，危在旦夕，得知情况的白求恩带着助手，在雪夜里翻山越岭，急行军 70 余里赶来，他亲自为昏迷中的彭清云做手术，并输入了自己的“万能血”，把彭清云从死亡线上抢救过来。从此，人民军队里多了一位独臂将军，而另一位开国少将左奇同样被白求恩战场救治，成为共和国 13 名独臂将军中的传奇一员，老将军在暮年之际，曾深情赋诗：“血脉勃勃五十载，长忆英雄白求恩……”表达着对救命恩人的无限怀念和感恩……

9 月 12 日，灵武镇记。

战地医疗队旧址

曲回寺牌坊

隐秘杨庄村

1938 年 11 月，白求恩率领战地医疗队从河北省阜平县出发，翻过险峻的太行山，来到晋察冀军区 359 旅后方医院驻地杨庄村，为伤员诊病治疗，闲暇时，更是放弃休息，帮助周边村落的患病百姓解除痛苦，白求恩的大爱精神和精湛医术赢得了广大官兵和百姓的衷心爱护和拥戴。

杨庄村村口

针对这一地区医疗落后的状况，白求恩在总结（五台县）松岩口模范医院建设经验的基础上，提出建立一所全新的医院的设想，得到了军区首长的肯定和支持，很快，军民齐上阵，在这处地势险要的废弃村落上，建起特种外科医院。医院落成后，白求恩废寝忘食地展开工作，他从基层部队选拔出可造之才，精心施教，在很短时间内，培养出一批批急需的医护人员，为八路军战地医疗事业做出了杰出的贡献。在医院门前，我遇到了一位放羊的老汉，听我说起白求恩的名字，老汉频频点头，又竖起大拇指，用浓重的乡音赞颂道："那个洋大夫真是不简单，帮着咱们打鬼子，救咱们的命！……"

9月12日，灵丘县下关乡记。

白求恩特种外科医院院门

松岩口模范医院旧址

旺家台感怀

这个山坳间的小山村，周边山峦逶迤，林深草密，确实是一处安全隐蔽之地，怪不得当年选择这里作为晋察冀军区一分区后方休养二所。村干部带我来到白求恩和医疗队当年住过的院落旧址，遗憾的是，白求恩和医疗队当年住宿的几间房屋已被拆除，在原址建起新房。

白求恩住过的房屋

我脑海里不断地浮现出1939年11月8日清晨的场景……天地严寒，北风凛冽，拖着身体高烧39.6℃的白求恩，率领医疗队从南大坪地村出发来到这个小山村，在村边搭建起临时战地医疗站。

黄土岭战斗打响，这里距前线仅十里山路，由于不通电话，白求恩命令通信员尽快和前线指挥所取得联系，抓紧时间把伤员送过来，又告诉身边医护人员，有头部和腹部受伤的伤员，必须让他亲自检查伤情，再制订手术方案。当晚，白求恩一直带病坚持工作，直至子夜时分，身边同志再三劝阻才休息。次日凌晨，聂荣臻司令员派人送来急信，命令立刻送白求恩到军区后方医院救治，此时，身体极度虚弱的白求恩已经不能行走了，身边同志把他抬上担架，沿着来时的山路，向后方紧急转移……

只是，那一刻，谁也不曾想到，两天后的凌晨。白求恩大夫溘然长逝……

4月7日，旺家台村记。

模范医院旧址

村边烈士纪念碑

探访南大坪地

在2023年的太行山里，很难想象还有南大坪地这样一个小山村，四面环山，进出只能走一条古老的羊肠小道，真是一个名副其实的秘境。然而，在抗战时期，南大坪地却是远近驰名，因为四县交界的地理位置，它成为沟通南北东西的交通站，当时，晋察冀军区后方保障基地分散在它周边的村落里，南大坪地村就是枪械修理所和子弹制造所。

我走进村里，见到正在门前洗衣服的大嫂，这位亲切可爱的农妇用她那高大的嗓门告诉我："那年，白求恩他们来过好几回，每回来，都住在这个院子里，有一回，白求恩在门口喝泉水，高兴地说个不停，是说这泉水香甜……白求恩还特别爱抱孩子，口袋里有什么好吃的，都拿出来，给孩子吃，他爱唱歌，都是外国话，听不懂……他还把一个箱子送给我们家，可惜鬼子来扫荡抢走了……村里的老人都说这个洋大夫是个好人……"大嫂又告诉我，"这山上有好几条进村的小道，都让草盖住了，外来的人找不到……白求恩他们来，都是咱们村里的人带着进来的……”

望着巍峨耸立的山峦，我的思绪又回到了那壮怀激烈的年代，那时的白求恩已年近五旬，来到中国后，他每天高强度工作，加上生活艰苦，营养不良，他的身体日渐消瘦，但他依旧和年轻的八路军官兵一样，翻山越岭，投入战斗，我想，那一定是崇高的信仰、坚强的革命意志支撑着他勇往直前的……

4 月 8 日晨，南大坪地村记。

南大坪地村　南大坪地村村口　热情的大嫂

梯子沟突围

梯子沟是白银坨山谷里一条狭窄幽长、崎岖险峻的山沟，无法想象，这里尘封着一段英勇、悲壮、令人无比痛惜的抗战悲歌。

当年，白求恩牺牲后，晋察冀军区卫生学校更名为白求恩卫生学校，其学生也被称为“白校学子”。

1941 年秋，日寇疯狂扫荡，200 多名白校学子紧急转移到梯子沟时，被 1500 多鬼子团团包围，英勇不屈的白校学子与残暴的鬼子殊死搏斗，终因寡不敌众，除 40 多名成功突围外，150 多名白校学子献出了年轻的生命，热血染红了这里的山水大地……他们不愧是白求恩的优秀传人！

4 月 10 日，百福堂村记。

白校学子塑像

梯子沟突围纪念碑

白求恩走过的道路示意图

黄石口记忆

中午时分，我辗转来到黄石口村邸俊星家——白求恩牺牲地。

邸家院落现已成为文保单位，由乡、村联合管理，因为事先和村委会联系好，村干部打开院门，陪我进去。院落面积不大，只北屋和西房，我径直走进北屋，屋内收拾得很洁净，几样家什静静地陈列四下，土炕上摆放着一张小木桌，桌上一盏油灯，炕下放着火盆，面对眼前的情形，内心油然而生的还是那番熟悉的感受……我想，每一个进入这间房屋的人，都会感到难以置信，83 年前，诺尔曼·白求恩——这位北美地区大名鼎鼎的医学专家，就在中国北方太行山下这个普通农家的土炕上溘然长逝……

院落一景

邸家院落

走出小院，看到空场上正在晾晒玉米的一位老汉，上前攀谈，得知老汉是邸俊星之子邸富振，听说我的来意，邸富振讲述了他从小就熟知的白求恩牺牲时的情形……“白求恩他们是下午到家的，是我大伯领着他们进院的，我奶奶和我爸爸在家，我爸爸那年 18 岁，白求恩他们选择我家，是因为我家在村子最西头，院外面就是一条进出村的小道，道边是大片的稻田地，如果发生意外，转移起来安全方便。我家还是抗日堡垒户，我大伯是八路军川里交通站站长，我姑姑是村妇救会主任。当时，白求恩发着高烧，身子虚弱得都打晃，是医生搀扶着他下了担架，进了北屋，在屋门口，白求恩看见我爸爸，他拍拍我爸的肩膀说：‘中国大有希望，你们的前途是光明的……’听完翻译，我爸爸牢牢记住了白求恩说的这两句话……那天，风特别大，下着雪，屋里冷，生着火盆，白求恩躺在炕上，后来，身边人扶着他坐起来，他拼尽力气写了份遗书……转过天，天刚蒙蒙亮，白求恩就过世了……我奶奶后来逢人就说：‘连老天爷都难过得刮风下雪了……’听着邸富振老人的讲述，我的眼前不断地浮现着白求恩的形象，他的一颦一笑，他的目光如炬，他充满激情的生命活力………”

4 月 9 日晨，军城镇记。

与邸富振老人合影

白求恩牺牲的土炕

难忘于家寨

晨光下，我走进于家寨，穿过村中一座年代久远的石拱桥，向前没多远，便一眼望见一片郁郁葱葱的杨树林，再近些，就看到面积不大的一抔黄土——那就是白求恩的初葬地。

白求恩初葬地

村中古石桥

来到近前，但见坟墓前是一条水量不大的小溪，四周种植着翠绿的松柏树，几只鸡溜达着啄地吃食，周边安静异常，只听见溪水涓涓流淌声……

望着眼前的情景，无法想象 83 年前，烽火硝烟中，于家寨乡亲们将白求恩灵柩悄悄深埋在这里，并在日寇两次疯狂扫荡下，全力保全坟墓不被侵害。

一路走来，未见花店，我只能对着白求恩初葬墓地，深深三鞠躬表达敬意……

4 月 10 日 . 曲阳县记

华北军区烈士陵园

白求恩墓地

英雄何明清

何明清是她的中文名字，她的本名——凯瑟琳·霍尔，新西兰人，一位虔诚的基督徒，一位极具爱心的白衣天使。

抗战期间，何明清深切同情中国人民的惨痛遭遇，她利用自己持有英籍护照的特殊身份，一次次帮助八路军购买急需的药品和医用器械，历尽艰辛，九死一生，留下了一幕幕惊心动魄、感动人心的精彩瞬间。

何明清去世后，遵照她的遗愿，她的骨灰运回到中国，埋葬在她当年奋斗过的地方——河北省曲阳县北宋家庄的莲花山上。

我来到村里，何明清小学的马老师热情地为我引路，带我来到莲花山上一块巨石前，何明清的骨灰就深埋这里，四下遍植松柏，地面尚无标志物，如果没有当地人引路，不易找到这里，马老师告诉我，当地政府正准备在这里竖立墓碑，以永远怀念和感恩这位真正的英雄，这位中国人民伟大的朋友。

4 月 10 日，曲阳县记。

何明清照片

莲花山图景

何明清骨灰埋葬地

写在后面的话

2018年秋，在一次朋友聚会上，我结识了李佳女士，并得知她的公司正在启动一个关于白求恩题材的电影项目，这引发了我极大的兴趣。我对抗战时期晋察冀根据地的历史研究非常关注，其中，发生在白求恩身上的许多故事常常令我感动不已，因此，我向李佳女士陈述了自己对于这位伟大的国际主义战士的认知和理解。这和她对题材的整体把握不谋而合，我们愉快地达成了制作这部电影的合作约定——由我进行电影剧本的创作。

很快，我开始了案头工作，搜集文字、图片和影像等历史资料，认真阅读，深入研究，努力寻找着八十多年前这位中国人民的伟大朋友留存的生命信息，白求恩身上的点点滴滴常常令我心潮澎湃，难以释怀。

不久，李佳女士组建创作团队进行实地采访，我们第一站便是石家庄的中国人民解放军陆军军医大学白求恩医务士官学校和白求恩国际和平医院，它们的前身分别是晋察冀军区卫生学校和军区后方医院，系白求恩亲自倡议并参与建立的，白求恩为此做了大量的工作，包括编写教材、亲自授课、指导实践，可谓废寝忘食，呕心沥血。

我们参观学校内的白求恩纪念馆，采访众多当事人，使我逐步加深了对白求恩和白求恩精神的感受和理解。

我们又来到山西省五台县，这个五台山山脚下的小县，是白求恩来到晋察冀根据地的第一站。五台县白求恩纪念馆杨俊彪馆长陪同我们参观晋察冀司令部旧址、白求恩创建的模范医院遗址，以及白求恩生活、战斗过的多处地点。听说附近村里一位当年和白求恩有过交集的老人尚健在，遗憾的是，当我们赶到老人家里，得知老人不久前刚刚辞世。村里的另一位老人得知我们的来意，热情地讲述起她所知道的白求恩的故事，又从家里找出了当年使用过的“粪坨子”，告诉我们，白求恩就是看到它，才发明制作出“卢沟桥”的（便于行动方便的医疗用品的装备）。

这两次采访收获很大，我的思绪仿佛一次次地与白求恩发生碰撞和交锋，我感到和白求恩的距离越来越近了。

2020年初，新冠疫情突如其来，肆虐不休，但我的创作始终未停下脚步，先后三次到达太行山两侧的河北省涞源、易县、顺平、曲阳和唐县，以及山西省灵丘县，沿着白求恩生前走过的道路一路追踪，寻找他的生命足迹，我想象着白求恩的音容笑貌，揣摩着他的心理历程，感受着他的高尚情怀，白求恩那生动、鲜活、真切可爱的艺术形象在我的笔下逐渐呈现出来。

完成这些幼稚文字的过程中，我得到了诸多前辈师长的襄助指导，白求恩医务士官学校政治部于维国主任，五台县白求恩纪念馆杨俊彪馆长，白求恩生前战友的后人张冬柏、王贺新、王永革、彭少江、董洁等老大哥，以及这个电影项目发起人李佳女士，他们对我的工作给予了多方面的支持和帮助，特别是白求恩柯棣华纪念馆荣誉馆长陈玉恩老师，这位致力于白求恩精神研究和推广的前辈，在阅读了剧本初稿后，一字一句地认真勘正谬误，使剧本内容不断地丰富。原北京白求恩公益基金会李深清理事长，对剧本创作始终给予鼓励，并在百忙中为这本书撰写了序言。中国战略与管理研究会志愿军研究会邓穗会长阅读书稿后欣然作序。出版社资深编辑张老师和戴老师以及本书策划人孟宪伟先生的指导帮助，使书稿不断地臻于完善。我的学弟张超、刘烨、毛宁宁为书稿的最后整理付出了辛勤的劳动。此外，这本书引用了诸多有关白求恩的书籍和资料中的文字和图片，因无法完全查找到作者及联系方式，特此说明，这里，谨向原作者和资料传播者致以真诚的谢意。

白求恩生前，在给友人的信中写下这样一段话：“你需要一个祭坛来祭献自己——给永存的上帝一份美好而炽烈的祭品——你需要耗尽生命——然后像一只凤凰，从欢愉的毁灭中获得重生——以干净、纯洁和自由的新面目展翅飞翔……”我想，白求恩是在中国找到了属于他的祭坛，并毫无保留地奉献了自己。因之，这段话是写给他自己的，其实，也是写给我们每个人的，难道不是吗？

附录：遗书

亲爱的聂司令员：

今天我感觉身体非常不好，也许我要和你们永别了！

请你给加拿大共产党总书记蒂姆·布克写一封信，地址是加拿大多伦多城威灵顿街 10 号。同时，抄送国际援华委员会和加拿大民主和平联盟会。告诉他们，我在这里十分快乐，我唯一的希望就是能够多有贡献。

也要写信给美国共产党总书记白劳德，并寄上一把缴获的战刀。这些信可以用中文写成，寄到那边去翻译。随信把我的照片、日记、文件寄过去，由蒂姆·布克处置。所有这些东西装在一个箱子里，用林赛先生送给我的那 18 美金做寄费。这个箱子必须很坚固，用皮带捆住锁好，外加三条绳子。

将我永世不变的友爱送给蒂姆·布克以及所有我的加拿大和美国的同志们。

请求国际援华委员会给我的离婚妻子坎贝尔夫人拨一笔生活款子，分期给她也可以。我对她应负的责任很重，绝不能因为没钱而把她遗弃了。还要告诉她，我是十分内疚的，并且曾经是快乐的。

两张行军床、两双英国皮鞋，你和聂夫人留用吧。

马靴、马裤，请交给吕司令。

贺将军，也要给他一些纪念品。

两个箱子给叶部长；18 种器械给游副部长；15 种器械给杜医生；卫生学校的江校长，让他任意挑选两种物品做纪念。

打字机和绷带给郎同志。

手表和蚊帐给郎同志。

一箱子食品和文学书籍送给董同志，算我送他和他的夫人、孩子们的新年礼物。给我的小鬼和马夫每人一床被子，另送一双日本皮鞋。

照相机给沙飞。

贮水池给摄影队。

医学书籍和小闹钟给卫生学校。

每年要买 250 磅奎宁和 300 磅铁剂，用来治疗疟疾患者和贫血病患者。

千万不要再到保定、天津一带去购买药品。那里的价钱要比沪、港贵两倍。

最近两年，是我平生最愉快、最有意义的日子，在这里，我还有很多话要对同志们说，可我不能再写下去了……

让我把千百倍的谢忱给你和亲爱的同志们………

诺尔曼·白求恩

1939 年 11 月 12 日

参考书目

杨成武：《杨成武回忆录》，解放军出版社，2014.7。

陈识路：《白求恩在唐县》，河北人民出版社，2018.10。

李彦：《不远万里》，上海文艺出版社，2018.10。

李彦：《尺素天涯》，商务印书馆国际有限公司，2015.8。

周而复：《白求恩大夫》，人民出版社，1958.12。

《独臂将军彭清云》，解放军出版社，2003.5。

张锐、兵者：《邓华画传》，中央文献出版社，2005.4。

冀军梅、闫玉凯：《白求恩纪念馆美术作品集锦》，河北美术出版社。

琼·尤恩：《在中国当护士的岁月》，时事出版社，1984.6。

素德·阿兰、麦德奈·戈登：《手术刀就是武器》，生活·读者·新知三联书店，1979.10。

《白求恩在中国》编写组，1977.6。

章学新：《白求恩传略》，福建人民出版社，1984.10。

宋家珩：《加拿大人在中国》，东方出版社，1998.2。

罗德里克·斯图尔特、莎朗·斯图尔特：《不死鸟：白求恩的一生》，中国青年出版社，2013.8。

于维国、齐明：《白求恩文选》，金盾出版社，2015.9。

黎军、王辛：《抗日战争中的国际友人》，中央文献出版社，2005.7。

陈玉恩、于维国：《白求恩的故事》，中国文史出版社，2014.10。

马国庆：《白求恩援华的674个日夜》，人民文学出版社，2015.8。

冀国钧、张业胜：《白求恩在中国》，中国协和医科大学出版社，2007.11。

韩海山、宗健、史登顺：《白求恩在唐县》，河北人民出版社，1990.7。

白求恩精神研究会编写：《这就是白求恩》，中国文史出版社，2014.2。